포레스트 웨일 공동 작가

청춘은
영원을 꿈꾼다

한민진 | MOLee | 류광현 | 은민 | 닌자토깽이 | 꿈꾸는 쟁이 | 우주
임은혜 | 별결듯 | 정팔이 | 하린 | 이다솔 | 문미영 | 최나연 | 권하린
정다연 | 김준 | 고태호 | 박혜령 | 라아비현 | 최이현 | 오성민 | 유진
해원[전갈마녀] | 루시아(혜린) | 동네과학쌤 | 콩 | 남가연 | 이파람
아낌 | 신은서 | 조현민 | 다희 | 사랑 | 김미영 | 최이서 | 김감귤
이연화 | 이상현 | 류가민 | 임만옥 | 윤태연 | 안세진
글쓰는 몽상가 LEE | 문순천 | 새벽(Dawn) | 진서윤 | 구석기 | 유체
여휘운 | 윤아정 | 김서영 | 너울 | 지수경 | 백현기 | 하형정 | 조모연
윤현정 | 사랑의 빛 | 노기연 | 희작 | 손신우 | 이겸 | 명량소녀
강대진 | 별이 | 솔바람 | 김현아 | 민해월 | 온율 | 윤슬 | 영지현
백작(白作) | 고유정 | 임영균

FOREST
WHALE

차례

필명	청춘	페이지
1. 한민진	청춘이라는 이름으로	11
2. 한민진	그 여름, 청춘은 반짝였다	13
1. MOLee	청춘은 영원을 꿈꾼다	15
1. 류광현	당신이라는 청춘에게	17
1. 은민	청춘의 바람	20
1. 닌자토깽이	청춘이었다	21
1. 꿈꾸는 쟁이	내게 청춘이란	22
2. 꿈꾸는 쟁이	아직도 청춘	23
1. 우주	심장이 없는 해파리처럼	24
1. 임은혜	언젠가, 다시	26
1. 별겯듯	어른	28
1. 정팔이	김장 길에	29
1. 하린	봄날 같은 청춘	30
1. 이다솔	청춘, 그 이름으로	32
1. 문미영	청춘은 추억을 싣고	36

2. 문미영	청춘을 위한 시	38
1. 최나연	청춘, 그 찬란했던 장면들	39
1. 권하린	한 스푼	43
2. 권하린	사이다	45
1. 정다연	사과	47
2. 정다연	태양	49
3. 정다연	모래사장	51
1. 김준	시 - 「청춘은 바람이었다」	53
1. 고태호	아픈 청춘	55
1. 박혜령	청춘도 소화가 되나요	56
1. 라아비현	청춘들 힘내세요	58
1. 최이현	청 춘 사 계	59
2. 최이현	시간 위에 핀 청춘	61
3. 최이현	빛으로 돌아오다	63
1. 오성민	극복	65
1. 유진	청춘의 계절	67
1. 해원[진갈마녀]	나, 그리고 그대들의 청춘에게	69
1. 루시아(혜린)	불안할수록	70
1. 동네과학쌤	미완의 계류	71

2. 동네과학쌤	문장이 끝나도 청춘은 다음 문장을 기다린다	75
1. 콩	사는 법	80
1. 남가연	그날의 청춘	82
1. 이파람	연착	84
1. 아낌	청춘의 초능력	86
1. 신은서	Numerous Icarus	88
1. 조현민	젊음	89
1. 다희	청춘	91
1. 사랑	3시 57분	92
1. 김미영	청춘은 그런 걸 거야…	96
1. 최이서	화양연화	98
2. 최이서	마음의 청춘	100
1. 김감귤	청춘을 세어본다	102
1. 이연화	청춘의 바람은 어디로 부는가	104
2. 이연화	비탈길에 핀 청춘	107
1. 이상현	청춘의 그늘	109
1. 류가민	아름다운 청춘	110
1. 임만옥	청춘은 여름 같다	114

2. 임만옥	청춘이라는 이름	118
3. 임만옥	내 안의 청춘	119
1. 윤태연	조각난 청춘도 청춘이 될 수 있는가	120
1. 안세진	청춘은 영원한 인생에서의 일장춘몽	124
1. 글쓰는 몽상가 LEE	그럼에도 불구하고 청춘은 계속된다	127
1. 문순천	빛바랜 청춘의 초상	129
1. 새벽(Dawn)	유통기한	131
1. 진서윤	여름의 밀도	134
1. 구석기	청춘의 별	140
1. 유체	그때의 우리	142
1. 여휘운	청춘	143
2. 여휘운	동문록	145
1. 윤아정	청춘, 재생	147
1. 김서영	청춘의 자기소개	149
1. 너울	청춘의 계절	152
2. 너울	청춘이라는 이름의 우리들	154
1. 지수경	청춘의 물끝	156

1. 백현기	엄마의 청춘은 시장에 있었다	158
1. 하형정	아직 열리지 않는 봉우리	163
1. 조모연	10대의 청춘	164
2. 조모연	아픈 손가락	165
1. 윤현정	청춘	167
1. 사랑의 빛	그래서 청춘이다	168
1. 노기연	동화	170
2. 노기연	푸른 무지개	171
1. 희작	아픈 청춘이자 빛나는 기록	172
2. 희작	청춘의 시간 들에 함께한 이들에게	175
1. 손신우	비행운	177
2. 손신우	비밀.mp3	180

필명	영원	페이지
1. 이겸	영원일 줄 알았어	183
1. 명량소녀	영원히 잊지 않을게	185
3. 한민진	지워지지 않는 순간	187
2. 류광현	시선 속의 영원	189
3. 류광현	사랑의 영원 따뜻한 사랑	192
1. 강대진	영원한 목표	194
3. 꿈꾸는 쟁이	영원	196
2. 우주	사랑은 시련과 닮았다	198
2. 정팔이	쓰다	200
3. 정팔이	사랑이	202
2. 하린	멈추지 않는 시계	203
2. 이다솔	당신과의 시간	205
3. 문미영	뭐든지 영원한 건 없다	207
3. 권하린	아이스크림	208
1. 별이	영원한 삶의 끝	210
1. 솔바람	굳은 마음의 영원	215
2. 김준	에세이 -「영원이라는 착각」	217
3. 김준	단편소설 -「그날 이후에도」	219
2. 박혜령	영원도 이월이 되나요	222

1. 김현아	아이리스 동아리	224
2. 오성민	청춘의 나이테	231
1. 민해월	우리가 영원을 약속했던 그 바다에서	233
2. 민해월	영원한 봄	238
2. 해원[전갈마녀]	영원할 줄 알았네	239
3. 해원[전갈마녀]	영원일 줄 몰랐네	240
2. 루시아(혜린)	영원	242
2. 남가연	청춘을 빛나게 하는 단어	243
3. 남가연	영원이란 약속	244
3. 동네과학쌤	영원의 형태들	245
2. 신은서	사랑과 늑골	252
1. 온율	우린 꿈속에서 영원을 이뤄	253
2. 온율	영원으로 돌아가는 법	255
2. 조현민	세상에는 영원한 것이 없다	256
1. 신정현	겨울 아침	258
1. 박경민	별과 별똥별	260
2. 사랑	모순	262
3. 최이서	숨결의 영원	267
2. 김감귤	영원을 말하다, 그리고 피앙새	269

3. 이연화	영원의 꽃	271
2. 이상현	끝나지 않는 밤	273
3. 이상현	남아있는 시간	274
2. 윤태연	영원을 믿어?	275
2. 글쓰는 몽상가 LEE	영원했으면 좋겠어	281
2. 문순천	영원을 향한 청춘의 질문	283
3. 문순천	영원의 기록	285
1. 윤슬	비눗방울	287
2. 구석기	영원	288
3. 구석기	영원, 그 위로	289
2. 유체	영원	290
3. 유체	아직 닿지 못한 생에서	291
1. 영지현	영원히	292
1. 백작(白作)	쓰기 위한 '글빛글빚 그림책' 모임은 영원하다	293
1. 고유정	서로의 영원	298
2. 지수경	겨울의 숨	300
2. 하형정	영원의 매실나무	302
3. 하형정	영원한 가을 약속	304
1. 임영균	잿빛을 영원히 물들여	306

포레스트 웨일

공동 작가

청춘

1. 한민진

청춘이라는 이름으로

가진 건 없었지만
우린 뭐든 할 수 있을 것 같았어

웃다가 울고,
울다가 또 웃으면서
서툰 말들 사이로 마음을 주고받았지

지금 보면 참 어리숙했지만
그때의 우린
누구보다 진심이었고, 누구보다 뜨거웠어

하루하루가 고민이고
사소한 일에도 가슴이 뛰던 시절,

청춘이라는 이름으로
우리는 세상을 조금씩 알아갔고
서툰 꿈을 꿨고
그 모든 시간을 사랑했어

지금도 가끔
그때의 나를 떠올리면
참 예쁘고 아련해져

그 시절의 우리,
청춘이라는 이름으로
반짝이고 있었다

2. 한민진

그 여름, 청춘은 반짝였다

우리가 함께였던 여름은
늘 조금 더 밝았다

햇살은 눈 부셨고
바람마저도 설렘 같았지

버스 뒷좌석에서 쓴 일기,
밤새 나눈 이야기들
아무 의미 없어도
그 모든 게 특별했던 시간

청춘은 그렇게
사소한 것들에 빛을 입고
아무 말 없이 마음을 물들였다

그 여름이 지나고
우리는 달라졌지만

가끔,
그날의 공기만 떠올라도
내 심장은 다시 뛰어

그 여름,
청춘은 분명 반짝였고
나는 그 안에 있었다

1. MOLee
청춘은 영원을 꿈꾼다

함께 일을 하다보면
어디에도 나이 같은 건 없다.

내 마음 상태도
일을 하면서나
귀가해서도 마찬가지다.

나이를 잊었다.
세대를 더할수록 점점 더
젊게 사는 청춘들!

노년이라도 마찬가지나.
아니 오히려 나이 드신 분들이 더욱
열정적으로 되는 건

영원히 청춘의 마음 상태를 보여주시는 게야!

이보다 더 젊은 있으면
나와 보라고 그래?

1. 류광현

당신이라는 청춘에게

당신은 오늘도 애쓰고 있네요.
어제보다 나아지기 위해,
내일을 조금 더 빛나게 만들기 위해
혼자서 싸우고, 때론 울고,
아무렇지 않은 듯 웃어 보이지만
속으로는 얼마나 많은 무게를 견디고 있는지,
나는 알아요.

지금 가는 길이 정답인지,
이 선택이 나를 어디로 데려갈지
불안하고 막막할 때도 있겠지만
그 모든 순간이 당신을 단단하게 만들고 있다는 걸
잊지 말았으면 해요.

넘어져도 괜찮아요.
조금 천천히 가도 돼요.
잠시 쉬어도, 울어도 괜찮아요.
당신은 이미 충분히 잘하고 있어요.
그러니, 자신을 토닥여 주세요.
세상이 몰라줘도,
나는 당신의 노력 과정을 보고 있으니까요.

그리고,
그 꿈을 향해 달리는 당신에게
진심을 담아 박수를 보냅니다.
한 걸음, 또 한 걸음 내딛는 그 용기가
얼마나 아름다운지, 얼마나 눈부신지
당신은 알까요?

청춘이라는 이름 아래
무너지고, 다시 일어서는 그 모든 순간이
결국 당신을 빛나게 할 거예요.
그 꿈이 무엇이든
당신이라는 사람이 가는 그 길이

곧 희망이니까요.

그러니 오늘도,
조금은 울고, 더 많이 웃고,
포기하지 말고, 나아가길.

당신이라는 청춘에게
이 세상 가장 큰 응원과
뜨거운 갈채를 보냅니다.

1. 은민

청춘의 바람

바람이 불어오는 날이면
가슴 깊숙이 스며드는 청춘의 흔적

너와 함께 걸었던 공원 벤치에 홀로 앉아
흔들리는 나뭇잎을 바라보며 느끼는 쓸쓸함

그래도 바람은 멈추지 않고
새로운 계절을 향해 끝없이 나아가네

떠나간 시간들은 다시 돌아오지 않지만
내 마음속에 남겨진 청춘의 기억은 영원히 살아 숨 쉬고 있어

1. 닌자토깽이

청춘이었다

같이 있는 것만으로도 웃음이 나던 시절
가진 게 손에 쥔 막대사탕밖에 없어도 세상 전부를
가진 것 같았던 시절
내세울 게 맨주먹밖에 없어도 당당했던 시절
친구들과 어울려 다니며 먹고 또 먹고 또 먹어도 늘
허기졌던 시절
학교 땡땡이치기, 학원 수업 빼먹기 등 일상의 소소한
일탈을 즐기면서도 그저 웃던 시절
그 소소한 일탈도 지나고 나면 다 추억일 거라고 큰
소리치던 시절
어떤 상황에 놓여도 두려울 게 없던 시절
지금 이 순간이 영원할 거라고 믿었던 시절
우리는 청춘이었다

1. 꿈꾸는 쟁이

내게 청춘이란

내게 청춘이란
지나간 젊은 날의 청춘도
무기력한 나날들로 흘려보내고
있는 지금도 아닌

사라진 줄 알았던 내 열정이
다시금 불타오르는 순간과,
무언가를 도전하고 싶거나,
메말라 버린 내 마음이 무언가에
설레는 그 순간이 내게는 청춘이다.

2. 꿈꾸는 쟁이

아직도 청춘

젊은 날의 청춘이 흘러간 지
오래되었음에도 불구하고
끊임없이 힘들고
여전히 흔들리고 있는 나는
아직도 속에 머물러 있나 보다

그게 아니라면 나이가 들어가도
젊은 청춘들처럼 도전하고 싶고,
내 안의 숨은 열정들을 쏟아 내고 싶은 게
아닐까!!
나이는 들었어도 내 마음만큼은 청춘이니까
고로 내 인생은 아직도 청춘이다.

1. 우주

심장이 없는 해파리처럼

새싹이 파랗게 돋아나는 봄철이라는 뜻으로, 십 대 후반에서 이십 대에 걸치는 인생의 젊은 나이 또는 그런 시절을 이르는 뜻을 가졌다고 하는 게 청춘이라고 하는데, 나는 감히 너를 청춘의 조각이라 불러도 될까. 그렇게 내 청춘으로 영원히 기억 속에 머물러주면 안 될까.

교복을 입고 함께 벤치에 앉아 아이스크림을 먹던 날. 이렇게 집으로 돌아갈 수 없다며 노래방을 가자며 내 손을 잡고 이끌던 너.
햄버거 가게에서 같이 밤을 지새우며 이어폰을 나누어 낀 채 음악을 듣다 쪽잠을 자던 너를 몰래 쳐다보던 나.
같이 놀이공원을 가고, 사진을 찍고, 함께 탄 놀이기

구에서 추락하는 짜릿함에 서로 동시에 웃음이 터졌던 순간까지.

내 청춘의 장면 속은 온통 너로 가득한데. 너를 빼면 남는 게 없어.
청춘은 짧게 머물다가는 순간이라고 다들 말하지. 그래서 너는 그렇게 내 곁을 홀연히 떠나버렸는지. 궁금한 말이지만 다시 널 만나도 물을 수 없어.

내 청춘의 일부일 뿐이지. 네 속에 내가 없을지도 모르잖아.

1. 임은혜

언젠가, 다시

끝이 없는 길 위에서
문득,
누군가의 이름을 부르는 일

계절보다 느리게 흐르는 마음이
햇살을 머금고
푸르게 반짝이는 순간들

언제부터였을까
우리는
지금 여기가 전부인 줄 알면서도

먼 훗날 어딘가에서
다시 만날 듯이

조용히
서로를 바라보았다

청춘은
영원이 오기를 기다리는
작은 봄이었다

지나가도
다시 피는
그런 마음

1. 별곁듯

어른

어딘가 어설픈 여름입니다.
작은 구름 하나에 세상이 잿빛으로 물들고 말았습니다.
채 빛을 보지 못한 새싹은 고개를 숙인 채 눈물을 흘리고
나이 많은 저 나무는 공연히 흔들립니다.
무딘 시간은 우리를 어른으로 만들었지만
우리는 그저 사라져가는 꿈을 붙잡으려 애쓸 뿐입니다.
그래서일까요?
반짝임을 잃은 여름은 유난히도 차갑습니다.
차가운 여름이라니, 이렇게 어울리지 않는 말이 또 있을까요.

덧없는 하루를 지새우며 나는 오늘을 오래도록 기억할 테지요.
다만, 내 청춘을 청춘답게 보내지 못함이
아주 조금 속상할 뿐입니다.

1. 정팔이

김장 길에

청춘이 별거냐
어제도
오늘도
내일도
우린 아니냐

그저 조금
익어버린
겉절이 청춘일 뿐

그저 조금
너무 익어버린
신김치 청춘일 뿐

1. 하린

봄날 같은 청춘

나의 청춘은 그랬다.

희망찬 내일을 꿈꾸고 있는
모습들을 계획적으로 쌓아가고
끊임없이 걸어가고 있었다.

하루하루 충전하며
나의 청춘은
내 일상의 위로가 되어주었다.

나의 청춘이 잘되지 않더라도
따뜻한 햇살의 봄날을 피우며
그 속에 숨어 있는 길고 긴 시간들을
보내주면서 계속 내딛고 있었다.

피우지 못한 꿈이 있더라도
봄날 같은 나의 청춘은
지금도, 그리고 앞으로도
끊임없이 달려갈 것이다.

1. 이다솔

청춘, 그 이름으로

힘이 들고 지치는 하루하루 속에
언젠가부터 가려진 '청춘'이란 이름
고됨과 고난 속에 살아가며
우리는 자신의 청춘조차 느끼지 못하네

지금 걷는 이 길이
이토록 고통스럽고 버거울지라도
우리가 살아내는 이 순간들이야말로
바로 '젊음'이고 '청춘'인 것을

우리는 그저 새장 속 새처럼
세상에 순응하고 굴복하며 살아가지
그 순간들이 '청춘의 아픔'인 줄도 모른 채

그러나 세월이 흐른 뒤,
이 시간과 순간들이
한 편의 영화처럼, 드라마처럼
아름다운 기억과 추억으로 남는다는 걸

그 장면들을 남기고 싶다면 바로 지금,
이 순간을 즐기고 도전하며 나아가야
성장의 길로 걸어 나갈 수 있는 거다

실패도, 성공도
우리가 한 걸음 한 걸음 딛고 나아간
그 발자국들이 곧 청춘의 흔적이 된다는 걸

용기가 없어
시작조차 하기 두려웠던 일들,
시간이 흐른 뒤 후회하지 않도록
지금 할 수 있는 모든 것들을 시도하기를

기회는 기다려 주지 않기에 놓치게 되면
후회로 가득하여 미련한 날들만 남기에

모든 시도를 해보고 난 후 결정했으면 한다

청춘이란,
당신이 늦었다고 생각할 때 그렇지 않다는 걸
지금이 가장 젊은 날이다

넘어지면 다시 일어나는
오뚝이 같은 '도전의 정신'을 가진 게
바로 청춘이라는 것을

훗날 청춘의 세월이 지나고 뒤돌아보며
"그때 해볼걸…" 그 말이 가슴에 남지 않도록
모든 고난과 아픔, 그 고된 시간 속에서
우리는 조금씩 성장해 간다는 걸

그러니 청춘들이여,
스스로 걸어온 그 여정들을
성장통이라 생각하며
지금, 이 순간들을 후회 없이 즐기며,

현실에만 자신을 가두지 말고,
즐길 땐 마음껏 열정적으로,
일할 땐 묵묵히 최선을 다하라

굳이 나의 청춘을
세상을 위해 바치지 않아도 된다
내가 행복하게, 내가 즐겁게 살아가는 것이
바로 진짜 '청춘'이다

1. 문미영

청춘은 추억을 싣고

30대 후반인 지금 돌아보니 20대 시절에 가장 추억이 많다. 대학교 후문 식당에서 과 동기들이랑 술 마시며 놀기, 교외 활동으로 통역 봉사활동을 하며 경험치 쌓기 등 지금은 할 수 없는 일들로 추억이 가득하다. 교외 활동을 하면서 다양한 국가에서 오신 내빈들과 만나서 그들만의 문화를 배운 점이 가장 기억에 남는다. 교황의 나라인 바티칸부터 폴란드, 동티모르 등 평소에 만나기 힘든 국가의 장, 차관들을 모셨다. 동티모르에서 오신 농수산 식품부 차관이 "한국이란 나라에 처음 오는데 친절하고 밝게 웃으면서 맞아주니 이미지가 좋아요. 한국에 대해 좋은 기억을 갖고 돌아갈 거에요."라는 극찬을 해주셨다. 덕분에 나의 재능과 장점을 발견하게 된 계기가 되었다.

또, 데이트도 많이 하고 부모님 몰래 외박도 하며 애인들과 시간을 보냈다. 얼른 대학교를 졸업하고 돈 벌어서 하고 싶은 거 다 하며 살거라 기대했다.

자꾸 원하는 회사에 취업은 안 되고, 결혼할 나이는 되어가고. 마음만 조급했다. 20대가 젊고 이쁘다는 사실을 모른 채 청춘을 그냥 흘려보냈다. 나이 차가 7살 나는 남편을 만나 20대 후반에 결혼을 했다. 조금 더 즐기고 싶다는 생각도 있었지만 빨리 안정적인 가정을 꾸리고 싶었던 마음이 더 컸다. 결혼하면 자연스럽게 부모로부터 독립할 수 있다는 철없는 생각으로 성급하게 결혼을 했다. 20대에 남들이 연애 하고, 여행 다니고 아가씨의 삶을 재미있게 즐길 때 나는 시댁과의 갈등을 겪었다. 내가 선택한 일이라 부모도 그 누구도 원망하지 못했다. 하지만 이제는 결혼을 일찍 한 게 더 좋다고 느낀다. 친구들 중에는 아직 결혼을 못 했거나 안 하고 솔로로 지내는 경우가 있는데 왠지 모르게 외로워 보이기 때문이다.

2. 문미영

청춘을 위한 시

'이제 와서 뭘 해? 나이가 많아서 안 돼'
30대 젊은이들이 많이 하는 말이다.
아직 30대 한창 젊은 나이에
그런 말을 하는 사람들을 보면 안타깝다
나도 30대에 들어서 다시 시작했다
취업 준비도 공부도 독서 및 책 출간도
공부 머리가 없다는 소리를 많이 들은
나도 해냈다
못한다는 말은 중도 포기 하기 위한
변명에 불과하다
청춘들이여 아직 한창 젊다
뭐든 도전해도 혹은 실패해도
일어설 수 있는 나이다
젊다는 특혜로 용서받을 수 있다

1. 최나연

청춘, 그 찬란했던 장면들

마치 영화 속 주인공처럼
세상이 알록달록 다채롭게 보이던 그 시절,
우리는 청춘이었다.

청춘이라 부를 수 있었던 시간 속에서

무더운 여름날,
여벌 옷 하나 없이 바다에 뛰어들고,
선선한 가을엔
해 뜨기 전 주섬주섬 등산복을 꺼내 입고 산에 올랐다.
정상에 도착했을 땐
붉게 떠오른 해가 우리를 반겨주었다.
그렇게 하루를 온몸으로 맞이하던, 그런 나날들.

바다와 산, 도시를 누비며
그런 날들이, 끝날 리 없다고 믿었던 시절이었다.
그때의 나와, 우리의 청춘은 그렇게 반짝였다.

밤새도록 웃고 울며
서로의 꿈과 고민을 털어놓던 날들,
수많은 도전 속에서
그땐 매 순간이 무모했고, 그래서 더 눈부셨다.

청춘의 문턱에서도
설렘과 불안을 함께 안고,
마음속 두 손을 꼭 맞잡은 채
한 발, 또 한 발 내디뎠다.
돌이켜보면, 그 흔하고 서툴렀던 날들이 결국 청춘이
었다.

체력도 시간도 넘쳐났던 우리에게
스물네 시간은 늘 부족했다.
그만큼 많은 것을 경험했고,

많은 것을 배우며
청춘은 쉼 없이 흐르고 있었다.

그러다 어느새
우리는 '사회'라는 이름 앞에 멈춰 섰고,
그날 우리가 바라보던 핑크빛 하늘과
붉게 물든 바다는
조금씩 짙은 회색빛으로 물들어 갔다.

하지만,
우리의 청춘이란 영화는
끝난 줄 알았지만,
가끔은 마음속 어딘가에서 다시 재생된다.

그 시절의 나는
지금도 내 안 어딘가에 살아 있고,
어쩌면 아직,
나는 청춘의 끝자락 어딘가에
조용히 서 있는지도 모른다.

조금은 멀어졌고,
조금은 남아 있다.

청춘이 끝나가고 있는 건 알지만,
나는 아직 그 끝에서
하나의 장면을 붙잡고 있다.

1. 권하린

한 스푼

톡,
세상을 한 스푼 뜨는 순간
세상은 내게
반짝이는 거품을 건넸네

시원했고
달콤했고
무엇보다
처음이었네

조금씩
입가에 남은 달콤함 줄어들고
목은 익숙해져 갔네

하지만 나는 알아버렸네
처음 한 스푼의 짜릿함을

그건
다시는 돌아오지 않는
내 인생의
청춘이었네

2. 권하린

사이다

햇빛에 반짝이는

유리컵 사이다

맑은 얼음과 함께 빛나는 중인 사이다

얼음을 만나

톡톡 터지는 거품

목으로 넘어갈 땐

세상 어떤 말보다 시원한 대답을 해주네

달았고

맑았고

무엇보다

끝이 있다는 걸 몰랐던 맛

알았다면 조금이라도 더 즐길걸 그랬던 추억

텅 빈 컵만 남았을 때가 되어야
알게 되어버렸네
그게 청춘이었구나 하고
맑은 얼음 속 빛나는 청춘이 이제는 끝이 났네

무엇이든 영원하지는 않았네
보란 듯이 우리의 두 번째 청춘이 시작하는 듯이

1. 정다연

사과

익을수록 달콤한 사과
점점 달콤해지는 사과

하지만 때를 놓치면,
썩어가는 사과

익을수록 달콤한 청춘
점점 달콤해지는 청춘

하지만 때를 지나면,
썩어가는 청춘

어쩌면, 어쩌면
우리들의 청춘은

하나의 사과였지 않았을까?

우리는 그냥 단지 때를 놓쳐서,
사과 하나를 썩게 만든 것이 아닐까?

2. 정다연

태양

태양은 늘 밝게 빛난다.

하지만 가끔은,
구름에 가려져 빛을 내지 못하거나

그리고 가끔은,
그 빛을 달에게 주어서 달이 빛난다.

우리의 청춘도 늘 밝게 빛났다.

하지만 가끔은,
무언가에 가려져 빛을 내지 못하거나

또 가끔은,

그 빛을 누군가에게 주어 또 다른 누군가가 빛났다.

우리의 청춘은 끝나지 않았다.
아니, 어떻게 보면 수천 년째 빛나고 있는 태양처럼
우리의 청춘도, 영원하지 않을까?

3. 정다연

모래사장

모래사장 위에
글을 써보면,

예쁘고 깔끔하게
글이 써진다.

하지만 어느 순간에 결국,
파도가 그 글을 훔쳐 간다.

우리의 청춘도
누군가가 쓴 글이었다.

예쁘고 깔끔한 줄만 알았던
그 글을,

어느 순간에 결국,
무언가가 그 글을 훔쳐 갔다.

하지만 모래사장에 쓴 글을
사진으로 찍어놓는다면,
영원히 다시 볼 수 있으니까,

우리의 청춘도,
우리의 기억 속에서
영원히 다시 볼 수 있기를 기도해 보자.

1. 김준

시 -「청춘은 바람이었다」

청춘은 바람이었다

정오의 태양 아래
이름 모를 공터를 스쳐 가는
바람이었다

멈추지 않았고
어디서 왔는지도 모르게

다만, 그 순간
모든 나뭇잎이 흔들렸고
내 마음도 따라 떨렸을 뿐이다

그 바람이 지나간 뒤

세상은 조용했고

나만이 알았다
그 바람이 있었음을

청춘이 그랬다
다시 오지 않을 것을 알면서도
가슴 깊이 흔들고 간

바람이었다

1. 고태호

아픈 청춘

누군가 내게 말하거든
불타는 보냈다고 하지 마라

누군가 내게 말하거든
즐거운 시절 있었다 하지 마라

아픔이 배가 되어 돌아오듯
나의 청춘은 외로움과 배고픈
갈망의 청춘이었으니까

1. 박혜령

청춘도 소화가 되나요

당신의 시간이 흐를수록
나는 당신에게서 멀어져 가고,
나의 시간이 흘러
지금의 당신이 되었을 때엔,
당신이, 나에게서 멀어지겠지요.
아주, 영영.

한 사람의 청춘을 먹어 치우는 바람에
그렇게 자라버리는 바람에
당신에게 남겨진 청춘의 흔적이라곤 나 하나라서.

너무 짙은 흔적이라 나중엔 많이 아프겠지요.
먹어 치운 청춘은, 그럼에도 영영 소화되지 않을 테니까요.

영원이란 건 허울뿐이라던 오만함을
번번이 무너뜨리던 당신의 사랑이 많이 그립겠지요.

당신은 이걸 어떻게 견디셨어요?

1. 라아비현

청춘들 힘내세요

회사에서
일하고 있는
청춘들

대학교에서
공부하고 있는
청춘들

그리고
쉬고 있는
청춘들

모든
청춘들
힘내세요

1. 최이현

청 춘 사 계

청 춘 사 계

청춘, 그 빛나는 순간은
돌고 도는 사계절처럼
매일 아침, 다시 태어난다.

희망의 씨앗은
가슴 한편에서 활짝 싹트고
시간의 흐름 속에서도
빛을 잃지 않는 별처럼 반짝인다.

달려가던 길 위에
넘어져도 다시 일어나고
흐르는 바람에 몸을 맡기며

끊임없이 새로워진다.

청춘은 한곳에 머무르는 것이 아니라
끊임없는 시작이다.
오늘도, 내일도
영원히 새롭게 태어나는 우리 안의 빛

끝나지 않는 이야기,
청춘은 영원하다.

2. 최이현

시간 위에 핀 청춘

시간 위에 핀 청춘

물결처럼 출렁이는 시간 속에서
청춘은 멈추지 않고 흐른다.

어제의 나를 뒤로하고
오늘은 또 다른 빛으로 피어난다.
낡은 기억도, 흔적도 모두 안고
매일 새롭게 시작하는 불꽃

부서진 꿈의 조각들 위에
희망이라는 씨앗을 심고
바람을 타고 퍼지는 노래처럼
우리의 청춘은 다시 살아난다.

시곗바늘은 돌지만
그 속에서 멈추지 않는
끝없는 시작, 끝없는 빛
청춘은 영원히 우리 안에 머문다.

3. 최이현

빛으로 돌아오다

빛으로 돌아오다.

푸른 하늘 아래 펼쳐진 시간들
청춘은 늘 새롭게 숨 쉰다.
어제와 다른 오늘의 빛깔로
낡은 기억들을 덮어쓰며
부서져도 다시 모여
반짝이는 조각들로 다시 태어난다.

가슴속에 피어난 작은 불씨가
바람을 타고 춤추며
끝없이 이어지는 노래가 되어
우리 마음을 채운다.

그 노래 속엔
비 오는 골목에서 웃던 순간도,
별빛이 스며든 밤하늘의 고백도,
흩어졌던 약속이 다시 모여드는
기적도 담겨 있다.

청춘은 사라지는 게 아니라
매일 아침 다시 찾아오는
영원한 시작, 변치 않는 빛.
그 안에서 우리는 수백 번이라도
다시 태어난다.

1. 오성민

극복

그런 적 있어?
종이 한 장 넣었는데
세절기가 괜히 웃어대던 날
아무렇지 않게 삼키는 척하더니
남몰래 뭉쳐놓은 말들을 조롱하듯
나까지 조금씩 깎아내는 기분
그럴 때 있잖아
괜히 탓하면서 툭 건드리는 거
그리고는 발로 한 번 밟아줬어
다음의 나도 된통 당해 보라고

웃긴 건
잘려 나간 조각들이 서로 기대며
아직 한 장인 척하는 거야

그 모습 보니까 좀 얄밉지 않아?

그래서
오래 붙잡은 여름이랑
웃다 남은 숨 한 모금 밀어 넣고
입구를 돌돌 묶어 그늘에 기대놨어

투명한 봉투에선
다 부서진 것들이
이상하게 꿈틀거려

아, 까먹었네
청춘이라고 부르던 거

비튼 틈 사이로
마지막 반항을 끼워둔다

영원히 극복하기

1. 유진

청춘의 계절

인생의 풋풋한 봄과 짱짱한 여름
그 계절을 보내는 청춘은
풋내기 새싹이 발아하며 오는 성장통에 여리다.

바람은 너무나 거세게 불어왔고, 짜글짜글한 햇빛은
목말라 건조하여 입술과 목구멍 전체를 푸석하게 만
든다.

모든 것이 처음이라 시간은 느리게 가고,
단 한 치 앞도 예상이 안 되는 미래에 굼벵이처럼 몸
을 웅크리며 세상을 외면하기도 한다.

하루와 하루 사이의 경계는 더 이상 태양이 아니라,
스스로가 눈감는 시간에 의지하며 그냥 이 시간을

겪는다.

청춘은 언제인가, 확실한 건 지금이 청춘이라는걸 아는 순간 더 이상 청춘이 아님을.

청춘으로 돌아가고 싶다고 생각이 든다면 이제는 청춘이 아님을. 청춘이 영원하지 않기에.

청춘은 스스로 자각할 수 없고, 시간을 낭비하며, 지금의 나로서는 스스로를 믿지 못하지만. 믿기에 이뤄낼 수 있다는 근거 없는 자신으로 세상을 나아가는 것.

그때가 곧 청춘이었다는걸 안다.

1. 해원[전갈마녀]

나, 그리고 그대들의 청춘에게

괜찮아~

사랑이 원래 그런 거래

나한테만 그런 게 아니래

그러니까 쓸쓸해도 괜찮은 거래

잠시 아파해도 괜찮은 거래

괜찮아~

인생이란 원래 그런 거래

너한테만 그런 게 아니래

그러니까 힘들어해도 괜찮은 거래

잠시 쉬어가도 괜찮은 거래

사랑도 인생도 찬란한 것만은 아니래

그게 당연한 거래

그러니까 힘내

우리들의 청춘!

1. 루시아(혜린)

불안할수록

모두의 청춘이 행운이 아니라는 건
누군가는 행운이겠지만
누군가는 불안이었을 것이니

누군가는 밝은 낮이었겠지만
누군가는 가장 어두운 밤이었을 것이니

그럼에도 그 어둠을 마주하며 나아간다는 것은
밝은 날이 적은 만큼
가장 빛날 것이니

그러니 어두운 공간 속에서
빛이 조금이라도 들어온다는 것은
그들은 그 청춘을 이겨냈다는 것이니

1. 동네과학쌤

미완의 계류

이른 아침의 교실은 아직 사람의 온기가 닿지 않아 서늘하다. 창문 너머로 들어오는 햇살은 책상 위를 가로질러 바닥까지 이어지고, 그 빛줄기를 바라보면 문득 시간이 흘러도 변하지 않는 어떤 풍경 속에 들어와 있는 듯한 착각이 든다.

나는 매일 아침 같은 공간에서 새로운 얼굴들과 마주한다. 그들의 눈빛에는 무한한 가능성과 동시에 그 가능성을 마주하기엔 아직 여린 어깨들이 보인다. 그 모습은 오래전 이루지 못하고 마음속에 묻어둔 꿈을 품었던 나를 닮아 있다. 그들 또한 망설이고 흔들리며 하루하루를 보낸다.

교실 안에는 기이한 시간이 흐른다. 나는 늘 같은 나이로 교단에 서 있지만, 학생들은 늘 같은 나이로 교실에 머무른다. 그들 앞에서 나는 매번 다른 질문을 받고, 새로운 답을 찾는다. 그 과정이 반복되면서 때로는 지루함을, 때로는 생의 깊이를 발견한다.

얼마 전 한 학생이 물었다. "선생님은 처음부터 선생님이 되고 싶었어요?" 순간 머뭇거리다 웃음으로 답을 대신했다. 그 웃음 안에는 말하지 못한 이야기가 담겨 있었고, 그것이 문득 나를 과거로 이끌었다. 이상과 현실 사이에서 방황하며 내가 놓친 것들, 그리고 결국 닿지 못한 어딘가로 향하던 지난날의 흔적들이 스쳐 지나갔다.

스물아홉, 처음 교단에 섰던 날의 칠판 냄새와 긴장으로 떨리던 목소리가 아직도 선명하다. 연구원이 되겠다던 꿈을 접고 교단에 선 나에게 아버지가 말했다. "포기한 게 아니라 다른 방식으로 이루는 거야." 그때는 위로처럼 들렸던 그 말이 이제는 진실로 다가온다. 생활비와 등록금, 미래에 대한 불안감, 스스로의 기대에 미치지 못했던 나의 부족함과 수많은 실수, 변명이 나를 실험실 밖으로 이끌었다. 실패한 인생이라고 생각했다. 하지만 그것이 패배는 아니었다. 이상은 사라진 게 아니라 변형되었을 뿐이다.

이제는 안다. 바람이 꼭 이루어야만 의미를 갖는 것은

아니라는 사실을. 교실 창가에서 먼 곳을 바라보는 아이의 마음 어딘가에 내가 지나온 길의 흔적이 이어지고 있다. 내가 채우지 못한 삶의 빈칸은 이 아이들 안에서 새로운 질문과 호기심으로 자라고 있었다.

승현이는 내가 그려봤던 연구원을 꿈꾸고, 진서는 많은 이들이 원하고 포기하는 의대를 준비하고 있다. 그들의 눈빛을 보면 내 안에 잠들어 있던 열정이 다시 깨어난다. 소망은 죽지 않았다. 그저 다른 심장에서 새로운 맥박을 타고 흐르고 있을 뿐이다.

몇 년 전 과학탐구 동아리에서 지도했던 은진이가 찾아온 날이었다. 대학을 졸업하고 대학원에 진학하기로 했다는 소식을 전하러 온 것이었다. "선생님이 도와주셨던 탐구 주제를 더 공부해 보려고 대학원에 가요." 나는 그 아이에게 응원한다며 격려했다. 내가 놓친 것들, 실수했던 것들을 털어놓으며 너는 잘할 수 있을 거라 말했다.

그 순간 은진이의 눈빛에서 오래전 나의 열정이 살아났다. 꺼진 줄 알았던 불씨였다. 아니, 어쩌면 결코 꺼지지 않았던 것인지도 몰랐다. 다른 심장 속에서 다시 타오르고 있었으니까. 은진이가 돌아가고 며칠간 나

자신을 돌아보게 되었다. 오랫동안 망설여왔던 박사과정 지원을 결심하게 된 것도 그때였다.

창밖에 나뭇잎이 떨어지고 새잎이 돋는다. 계절은 돌고 돌아 새롭지만 낯설지 않다. 나는 이 반복 속에서 무언가를 놓치기도 하고, 예상치 못한 무언가를 얻기도 한다. 그리고 그것들을 조용히 아이들 앞에 내려놓는다. 그것이 다시 아이들 안에서 빛을 내고, 시간이 흐르면 그 빛은 또 다른 교실, 또 다른 젊음에게로 이어진다.

우리가 이루지 못한 것들은 완성되지 않은 채로 세상을 떠돌다 새로운 가슴에 깃든다. 그렇게 반복되는 삶의 물결 속에서 영원이 되어간다. 한 사람의 젊은 시절이 끝나면 그 미완의 꿈은 다음 세대로 전해진다. 스승에서 제자로, 선배에서 후배로. 이렇게 이어지는 바람의 릴레이가 청춘이 영원을 이루는 방식이다.

오늘도 아이들의 눈빛 속에서 나는 미처 피우지 못한 나의 소망이 다시 피어나는 것을 느낀다. 그렇게 교실 어디에선가 새로 시작된 이상은 다시 자라나 또 다른 세대로 전해지리라.

2. 동네과학쌤

문장이 끝나도 청춘은
다음 문장을 기다린다

청춘이 언제일까?

청춘이 언제냐고 묻는다면, 나는 잠시 대답을 늦출 것이다. 왜냐하면 청춘은 달력의 숫자보다, 오늘 내가 쓰고 있는 이 문장 속에서 먼저 살아나기 때문이다. 문장이 태어나는 순간, 그것은 이미 청춘의 호흡을 닮아있다.

햇살이 커피잔 위로 번져오는 아침, 바람이 책장 한 귀퉁이를 들춰버린 순간, 버스 창문에 비친 내 얼굴이 낯설게 느껴질 때—청춘은 불쑥 나타난다. 스무 살의 청춘은 물수제비처럼 거침없이 튀어 오르다 금세 사라졌고, 지금의 청춘은 오랜 세월 주머니 속에서 반들반들해진 조약돌처럼 조용히 온기를 품고 있다.

얼마 전 여름, 교육혁신 선도 교사 연수에서 강사로 참여했다. 이제 막 교단에 선 이들과 수십 년간 교실을 지켜온 이들이 한자리에 앉아 있었다. 새로운 교육과정과 에듀테크, 수업·평가 설계 이야기에 귀가 쏠렸고, 질문은 쉬지 않고 이어졌다. 누군가는 현실의 예산과 정책의 벽을 말했고, 또 다른 이는 그 벽을 허무는 작은 균열을 제안했다. 노트 위에 적힌 단어들이 서로 연결되며 새로운 문장이 태어나는 것을 보았다. 그 장면 속에서 청춘은 나이가 아니라 '다시 배우려는 근육'을 가진 사람에게 깃든다는 것을 느꼈다.

며칠 뒤, 카페 창가에 앉아 있었다. 옆자리의 두 사람은 여행 경로를 그렸다. 잘못 도착할까 웃으며 걱정하는 얼굴, 막히면 다시 그리는 지도, 그리고 다시 웃는 표정. 그들은 그저 여행 계획을 세우고 있었지만, 나는 거기서 또 다른 청춘을 보았다. 불안이 설렘을 먹고, 설렘이 불안을 삼키며, 서로를 키우는 시간. 길이 막히면 멈추는 것이 아니라, 길 위에서 멈춘 채로도 방향을 찾는 과정.

청춘은 직선이 아니다. 그것은 불안과 기대가 교차하는 교차로이고, 때로는 경기 불황과 취업률 같은 무거운 표지판이 세워진 거리이기도 하다. 그러나 걷는 한, 방향은 바뀔 수 있고, 표지판은 새로 달릴 수 있다. 어쩌면 청춘은 그런 불확실성 자체를 즐길 수 있는 용기인지도 모른다.

나는 또 다른 장면을 기억한다. 늦은 밤 도서관 한켠, 시험 준비로 가득 찬 책상 옆에서 누군가는 자기소개서와 지원서를, 누군가는 은퇴 후 일상 속 휴가 일정을 적고 있었다. 창밖의 가로등 불빛이 책 위에 내려앉아, 서로 다른 미래를 밝히고 있었다. 나이는 달라도, 눈빛의 결은 같았다. 무언가를 향해 쓰고 있다는 사실이 그들의 청춘이었다.

청춘은 계절을 닮았다. 봄의 청춘은 서투르고, 여름의 청춘은 숨 가쁘며, 가을의 청춘은 성찰을 품고, 겨울의 청춘은 깊은숨을 배운다. 그리고 이 계절들은 서로를 덮고 밀어내며 끊임없이 순환한다. 가을의 성찰이

봄의 서투름을 위로하고, 겨울의 숨 고르기가 여름의 속도를 조율한다. 계절이 바뀌어도, 청춘은 사라지지 않는다. 다만 다른 얼굴로 다시 찾아올 뿐이다.

거리에서 뛰는 사람들을 본 적이 있다. 누군가는 기록을 세우기 위해, 누군가는 건강을 위해, 또 누군가는 단지 오늘의 날씨를 온몸으로 느끼기 위해 달리고 있었다. 숨이 턱끝까지 차올라도, 그들은 멈추지 않았다. 땀과 바람과 심장의 박동이 엮여 하나의 리듬을 만들고 있었다. 그 리듬이야말로 살아 있는 청춘의 맥박이었다.

청춘은 완전히 붙잡히지 않는다. 오늘의 문장이 내일이면 낯설어지고, 어제의 확신이 오늘은 흔들릴 수 있다. 하지만 그 불완전함이야말로 청춘의 질감이다. 금이 간 유리컵에 담긴 빛이 더 아름답게 부서지듯, 끝을 알기에 순간이 선명해진다.

그래서 나는 오늘의 문장을 붙든다. 글을 쓰는 손끝의 온도와, 그 안에 조용히 자리한 두려움까지 함께. 문장이 끝나는 순간에도, 청춘은 어딘가에서 다음 문장을 기다리고 있을 것이다. 그리고 그 문장을 쓰기 위해 다시 펜을 드는 순간 나는 또다시 청춘이 된다.

나를 꿈꾸게 하고, 주저앉히고, 다시 일어서게 한 너에게. 언젠가 이 글이 종이 위에서 바래더라도, 그때의 숨결과 눈빛이 남아 있다면 청춘은 여전히 오늘 가장 빛날 것이다. 그리고 그 빛은, 다음 문장을 향해 조용히 번져갈 것이다.

1. 콩

사는 법

가랑비로 오다가
별안간 소나기여라

쉼 없이 몰아치는 속에서
속절없이 허우적댈 내가

흔들리는 풀꽃이었다가
흩날리는 바람이었다가
어쩔 줄을 모르고 춤추도록

살랑 햇살 내리쬐면
물먹은 꽃잎 내밀며

사랑했던 곳에

멋진 비가 내렸다고
이야기할 수 있도록

가랑비에 젖는 줄 모르다가,

소나기에 젖을 줄도 모르고.

예고 없이 맞닥뜨릴
청춘이어라

1. 남가연

그날의 청춘

사람은 살면서 한 번씩은
그리운 것이 존재하곤 한다

나는 특히
그날의 청춘이 그립다

어느 때보다
영원하길 간절하게 빌었던 그날

분명 영원이 없다는 것을 알지만
왜 인지 그날은 정말 영원을 약속하고 싶었다

아니
영원이란 게 존재하길 빌었다

이 순간이 영원했으면 좋겠다고

끝나지 않게 해달라고 말이다

1. 이파람

연착

조금 더 천천히 갚아도 되냐고
말하고 싶었지만
끝내 어떤 인간의 이기심에 대해 떠들고 말았어요

우리에게 청춘은
삼류 만화책처럼 웃고 떠들다 잊히는 거였어요
용해된 열정은 세숫물조차 안 되고요
그럼에도 그 시절 이야기에는 소주가 빠지지 않죠

뭐가 남았는지도 모를 만큼 재밌었어요
소파 밑에 떨어진 동전과
헌책방에 팔아버린 책
타다만 인센스 스틱처럼 잔향만 남은
그런 사진들을 넘기다 보니

플랫폼 위에 멈춰 선 그림자에 닿습니다

나는 기차에서 내릴 때
완전히 정차한 후에 좌석에서 일어나요
그럼 가장 늦게 내리게 되죠
에스컬레이터에서 걷거나 뛰지 않아서
내 뒤에는 사람이 없는 게 마음이 편해요

그래서 남은 건 여전히 느린 말뿐이네요
결국 또 연착입니다

1. 아낌

청춘의 초능력

거절이 억울해도
참지 않고 울 줄 아는
힘

손해를 보아도
맛있는 걸 먹고 잊어버리는
호방함

다들 아니라 말해도
사랑이라 몰래 착각해 볼 수 있는
말랑함

대책이 있든 없든
내일을 삭제한 듯 놀아버리는

기세

큰 산이 아닌 작은 언덕이어도
내 도달점은 에베레스트라 말하는
배포

투명하고 무모해도
알록달록하게 만든 그 시절의
초능력

1. 신은서

Numerous Icarus

날개가 녹을 줄 알면서도 태양에 도전하는 것
그것이 젊음이라면 그 누가 말릴 수 있을까

그들의 영혼은 우주에 닿았고
그들의 영혼은 심해에 닿았네

셀 수 없는 이카로스들이 있었기에
우리는 꿈을 키울 수 있었다네

깃털은 바람을 타고 와 머리에 닿았네
가장 찬란한 청춘에게, 훗날 빛이 날 청춘에게

1. 조현민

젊음

젊음은 언제나 뜨겁고 또 언제나 서툴다.
내 마음은 아직 확실한 방향을 알지 못해 이리저리 흔들리지만 그 흔들림조차도 젊음이 가진 가장 솔직한 빛일지 모른다.
가끔은 무엇을 위해 달려가는지 모르면서도 앞이 보이지 않아도 멈출 수 없다. 젊음은 정답을 찾아 헤매는 과정 속에서 더욱 단단해지고 실패와 상처마저도 결국 하나의 문장을 완성하는 글자처럼 의미를 가진다.
청춘을 살아간다는 건 불안과 설렘이 동시에 깃드는 일이다. 오늘은 모든 것이 내 편인 듯하다가도 내일은 세상이 등을 돌린 것처럼 느껴진다. 하지만 그 무순된 하루하루가 쌓여야만 '나'라는 존재가 자라난다.
젊음은 무모할 만큼 용감하고 때로는 두려움에 가슴

을 움켜쥔다. 그러나 그 모든 감정이 허락된 시간이 바로 청춘이다. 지나고 나면 다시는 돌아오지 않을 그래서 더욱 소중한 계절이다.

나는 오늘도 서툰 발걸음으로 하루를 살아간다. 넘어지고 다시 일어서며 웃고 또 울면서 어쩌면 젊음이란 완벽해지려는 것이 아니라 불완전함 속에서 스스로의 색을 찾아가는 여정일 것이다.

그리고 언젠가 시간이 흘러 지금을 돌아볼 때 나는 말할 수 있기를 바란다.

"그 시절, 나는 젊음 답게 살았다."

1. 다희

청춘

청춘이야
그저 봄비에도
떨어지는 벚꽃잎 같은 것

떨어져 바닥에
사뿐히 내려앉는 것

내 다 떨어졌네,
아쉬워 말게

떨어지는 모습은
한 폭의 청춘
쌓여있는 건
예쁜 추억 아니던가,

1. 사랑

3시 57분

'3시 57분 무궁화호 열차가 들어오고 있습니다. 탑승을 원하시는 승객 여러분은….'

3시 57분 무궁화호 열차. 나의 청춘을 기록하기 시작한 열차. 이 글의 시작이 되어줄 열차이다.

나는 기숙사 고등학교에 다니고 있다. 무엇이 그리도 간절했던 것인지, 부모님을 조르고 졸라 집과 꽤 먼 지역에 있는 작은 예술고등학교에 입학하게 되었다. 예술고등학교라는 폼에 취해서 1학년 1학기에는 교복도 전부 챙겨입고, 나름 예고생이라는 타이틀에 맞추려 부단히 꾸미고 다녔다. 그랬던 내가 이제는 4개월 뒤 졸업을 앞둔 고3이다. 생각해 보면 내가 다녔던 학교도, 그 근처 거리에도 많은 추억이 있지만, '고등학교'를 이야기 했을 때 가장 먼저 떠오르는 것은 아마 3시 57분 무궁화호 열차가 아닐까.

우리 부모님은 맞벌이고, 집에서 학교까지의 거리도 꽤 있기에 매주 일요일이면 나는 3시 57분 무궁화호 열차를 타고 기숙사로 들어갔었다. 사람들이 바글거리던 기차역, 그곳에서 들리던 안내 방송, 계절에 따라 달라지던 온도. 매번 가방을 들고 게이트를 들어가는 것이 이제는 일상이 되어버렸다. 사실 이 글을 쓰기 전까지만 해도 아무렇지 않았는데 곧 졸업하고, 학교에 가지 않아도 되는 날이 온다면 그때는 기분이 묘할 것 같기도 하다. 3년 동안 일요일마다 가던 곳을, 이제는 가지 않아도 된다는 것이 참 이상할 것 같다.

익숙함에 속아 소중함을 잃는다는 말이 있다. 나는 그 소중함을 잃고 싶지 않아서 이 글을 적고 있다. 누군가가 나에게 고등학교에 관해 묻는다면 어떤 대답을 하게 될지는 모르겠지만, 기차에 관한 이야기는 꼭 하지 않을까? 생각해 보면 나는 기차를 타고 다니며 꽤 많은 일들을 경험한 것 같다. 시간을 착각하고 기차를 놓칠 뻔한 적도, 무심코 탔던 자리가 내 자리가 아니었던 적도, 옆자리에 어색한 선배와 함께 탔던 적도 있다. 이 외에도 정말 많은 일들이 있었었다.

언제였나, 친구가 내게 그런 질문을 한 적이 있다. '너는 졸업하고 기차 안 타게 되면 어떨 것 같아?'
기차를 안 타게 된다는 것은 어쩌면 나의 청춘에 마침표가 찍힌다는 말인데, 어떨 것 같냐니. 나는 그때 당시 그 말에 시원하게 대답을 내놓지 못했었다. 아직 실감이 안 나는 것은 물론이고, 상상도 해보지 않았던 상황이기 때문이다. 뭐.... 어쩌면 너무 빠르게 끝을 생각하고 걱정하는 것이 아니냐 할 수 있다. 하지만 다들 알다시피 이 세상 무엇이든 언제나 끝은 있기 마련이지 않은가. 나는 그 끝을 웃으며 보내고 싶다. 그래서 그 끝에 대해서 항상 생각을 품고 다닌다. 그런데 왜 이 청춘의 끝을 생각하지 못했을까. 너무도 익숙해져서? 끝이 와도 달라질 것이 없어서? 무슨 이유든 어떤가, 이유를 안다고 끝이 달라지지는 않는데 말이다.

이전의 나는 친구의 질문에 머뭇거렸지만, 지금의 나는 그 끝을 상상할 수 있고, 질문에 대답할 수 있을 것 같다. 나는 기차를 안 타게 되면 허전할 것 같다. 물론, 기차를 타지 않아도 되니 그 시간에 다른 것을 할 수 있고, 마음 편하게 놀러 갈 수도 있겠지만 그런 것과는 별개로 내가 허전할 것 같다. 나의 일상에서 학교가, 기차가 사라진다면 일상이 통째로 변하는 것이지 않은가. 많이 어색하고, 또 많이 허전하겠지. 하지만 나는 시간이 지나면 그 허전한 일상에 또다시 새로운 것을 집어넣고, 아무렇지도 않게 새 일상을 살아갈 것이다. 새로운 익숙함을 만드는 것이다.

나는 새로운 익숙함을 만들어간다고 해도 이 일상을 잊고 싶지 않다. 지겹고 피곤하고 힘들어도 결국 이 모든 일상이 나의 청춘이니까.

사람마다 청춘을 기억하고 남겨놓는 방식이 다를 것이다. 나는 나만의 방식으로 나의 청춘을 기억하고 싶다. 3시 5/분 무궁화호 열차가 나의 기록이 되어줄 것이다.

1. 김미영

청춘은 그런 걸 거야...

하고 싶은 대로 해.
할 수 있는 건 다해봐도 괜찮아.
마음 가는 대로 해보는 거야.
이런 말들이 참 듣기 좋았던 때가 있었어.
괜히 마음도 생각도 가볍게 만들어주는
어른들이 주는 예쁜 선물 같았거든.

하고 싶은 것 하고
마음대로 하니
싫을 리가 없는 건 당연하잖아.
청춘이라며...
넘어져도 일어서면 된다고 하시면서
어른들은 참 부럽다고 하셨었거든.

그런데 어느 순간부터
나를 알아가면 알수록
그저 하고 싶은 대로,
내 마음대로 되지 않더라...
분명 그 안에서 만족하며 나를 사랑하고
아껴주는 마음은 가득했는데...
이상하게 내 생각과 마음으로 가득 찬
나만의 좁은 세상이 느껴지는 거야...
단정 짓는 내 선택들이 자꾸만 신경 쓰이고.

그래서 나는 생각했어...
나는 나를 넘는 선택들을 하며
좀 더 넓은 세상으로
나가면 좋겠다고 말이지.
때로는 내가 하기 싫은 것도 하고,
조금은 내가 좋지 않아도 해내면서,
어른들이 부러워해 주던 그 청춘을
조금 더 아름답게 그려 보려고 해...

1. 최이서

화양연화

푸르른 봄, 청춘
가장 찬란한 아름다운 시절

지나가 버린 젊음
멈추어 버린 찰나의 숨결
그 이름, 화양연화

시간의 나이를 지우고
흐르는 세월, 그 삶의 끝에서 되돌아보면
내일보다 젊은 오늘

우리의 매일매일이
4월의 봄날인 청춘이다

오늘의 청춘은
매일의 뜨거운 오늘을 안고
지나온 날들을 기억하고 추억하며

온 힘으로 삶을 맞이하고
온 힘으로 하루를 채워가며

햇살 받으며 찬란히 피어나는

봄날 꽃 자락에서 또다시 시작인
영원히 멈추지 않는 청춘의 화양연화

2. 최이서

마음의 청춘

마음의 청춘

그 안에 꽃길 가득 담아두고
오래오래 머물게 하고 싶은 마음이다

마음에도 길이 있어
그 꽃길 그 청춘을
닿고 싶은 곳 어디든

다시 오지 않는 청춘으로
오래오래 그 안에 담아두고

마음에 문 열면
청춘의 날들이 한없이 부풀어

그 꽃바람 네게 불고 나에게 불고

시간 지나
세월이 열리거나 닫혀도
가야 하는 길에도
만나야 할 사람들 틈에도

이미 도착해 있는 청춘의 꽃바람

마음의 꽃 여든이 되어도 청춘이어라

1. 김감귤

청춘을 세어본다

청춘을 세어보다가
잠이 안 올 때,
세어보는 양처럼 되어버렸다.

아마도 그 이유는?
아마도 그 까닭은?

그만큼 청춘은 아득하다는 것이다.
그만큼 청춘은 길고도 긴 것이다.

우리의 청춘은
지금도 지나가고 있고,
우리는 청춘을
지금도 따라가고 있다.

청춘을 천천히 세어 본다면,
천천히 지나갈 것.

청춘을 빠르게 세어 본다면,
빠르게 지나갈 것.

그것이 바로 청춘의 이치 아닐까?

나름대로, 청춘을 헤아려봤다.

이제야, 청춘을 자세하게도.
이제야, 청춘에 힘을 쓰고서.

조심조심.

오늘 하루도 다시 한번,
내 도화지에 나름대로.

청춘을 세어본다.

1. 이연화

청춘의 바람은 어디로 부는가

비탈진 언덕 끝,
햇살 한 줌에 눈이 부셔
잠시 눈을 감는다.

평지의 안온함이
손짓할 때에도
내 마음은
거친 바람이 부는 쪽을 향한다.

청춘이란 본디
고요를 견디지 못하는
불안한 새벽이기에.

세상은 자주

태풍처럼 들이치고,
말 한마디,
한걸음에도
몸은 젖고 마음은 무너진다.

그러나,
무너지는 그 자리에
작은 싹 하나가 돋는다.

청춘은 열매가 아니라
열매를 맺기 위해
수없이 부러지는 가지다.

햇빛 아래에서도
그늘 아래에서도
우리는 자란다.

눈물은 흙이 되고
고난은 뿌리가 된다.

청춘이란 이름의 시간,
그 속에서 우리는
넘어지며 걷고,
잃으며 얻고,
망설이며 나아간다.

청춘은 도전이다.
아직 끝나지 않은 질문이고,
아직 쓰이지 않은 문장이다.

2. 이연화

비탈길에 핀 청춘

비탈길로 가야 하나
평지로 돌아서야 하나
망설이는 발끝 위로
햇볕이 따사롭게 내려앉는다.

세상은 언제나
태풍처럼 몰아치고,
순한 바람은 잠시 스쳐 가는 꿈.
그러나
우리는 여전히 청춘이다.

쓰러지고,
다시 일어서고,
고난은 뿌리처럼 나를 붙잡지만

더 단단하게,
더 깊게
나는 자란다.

청춘은
바람 앞에서도 흔들리길 주저하지 않는 가지,
가시에 찔려도
탐스러운 열매를 품는다.

나아간다.
도전이라는 이름의 길 위로
청춘이란 이름으로
묵묵히 나아간다.

1. 이상현

청춘의 그늘

청춘이란 그늘 속에 숨어서
신체가 달라지고 몸이
전과 같지 않다는 걸 느껴도
마음만큼은 아닌 척 부정하면서
현실을 외면하고 피해 다녔다

깨어나고 싶지 않은 꿈속에
계속 머무르고 싶은 것처럼
그러다 덧없이 지나가 버릴
짧은 순간이라고 하더라도
어릴 적 소망을 간직한 채로
뜨거웠었던 그 마음을 가지고
남은 날들을 살아갈 수만 있다면
그래도 괜찮다고 말하면서.

1. 류가민

아름다운 청춘

그날은 햇살이 너무나도 뜨겁고 매미 소리가 우렁차게 들렸던 날이었다. 지연은 긴 머리카락을 위로 질끈 묶어 올리고 등교를 하던 중, 뒤에서 누군가가 지연의 이름을 외치며 달려오는 소리에 뒤를 돌았다.
"이지연! 같이 가."
"박혜수 너일 거 같다고 생각했다."
혜수는 지연과 등교하려고 멀리서부터 뛰어왔는지 숨을 몰아쉬고 손을 흔들어 얼굴에 송골송골 맺힌 땀을 식혔다.
"날씨가 이게 말이 되나? 너무 더워"
"그러니까, 바람이라도 불면 좋을 텐데"
"시간 남으면 조례 전에 매점 가서 아이스크림 좀 사먹자"
"그래 그러자"

혜수와 지연은 이야기를 나누며 교실로 향하다가 갑자기 '악!' 하는 소리가 들려서 지연은 옆을 보니, 혜수가 길 틈에 걸려 넘어진 게 보였다.

"조심 좀 하지"

지연은 혜수를 도와주고 혜수는 지연의 부축을 받으며 일어나려는데

"아!"

이제 보니 혜수의 무릎에서 피가 나고 있었다.

"겁나 아파…."

"넌 어떻게 맨날 덜렁거리냐? 보건 선생님 늦게 오시는데… 일단 저기 벤치에 앉아봐 나 밴드 가지고 있어 물로 흙만 씻어내고 붙여줄게."

"에이… 아이스크림 먹긴 글렀네"

"다친 와중에 아이스크림이 문제야?"

지연은 물병에 있는 물로 혜수의 상처에 묻은 흙을 씻겨내고 가방에 있던 캐릭터가 그려져 있는 밴드를 붙여주었다.

"아! 따가워!"

"치료해 준 걸 고맙게 생각하기나 해 나중에 네가 아이스크림 사라"

"나 걷기 힘든데 업어줄 이지연 구함."
"업어주겠냐? 네가 나보다 키도 키거든?"
지연은 혜수를 부축해 매미 소리가 우렁차게 들리는 길을 지나가며 겨우 학교 교실 앞에 도착하였다. 교실 문을 열자 일찍 온 아이들이 켜놓은 에어컨 한기가 지연과 혜수를 반겨주었다.
"와, 시원하다."
지연과 혜수는 자리에 앉아, 지연은 에어컨의 냉기를 느끼고 혜수는 자신의 무릎을 보며 말했다.
"밴드에 그려진 캐릭터 엄청 귀엽다. 그나저나 무릎에 흉 안 지겠지?"
"잘 관리하면 괜찮겠지, 박혜수 너 부축해 주느라 난 힘 다 써서 1교시부터 잠 올 듯."
"미안해~ 내가 꼭 아이스크림 사줄게."

이 순간, 이 시간은 우리들에겐 청춘이다. 커서 이런 일이 있었지, 하며 되새기게 될 추억들 중 하나.

하지만, 이 또한 지나가겠지. 우리들의 청춘은 영원할 순 없겠지.

그러나 그렇기에 우리들의 청춘이 아름다운 거야. 그렇기에 추억으로 남을 수 있는 거야. 이 청춘이 담긴 기억들은 우리들의 마음속에선 영원할 거야.

1. 임만옥

청춘은 여름 같다

청춘은 여름 같다.
아침부터 쏟아지는 햇살처럼, 시작부터 우리를 강렬하게 감싸안는다. 서둘러 달아오른 공기 속에 숨이 차오르고, 어디로 가야 할지 알지 못한 채 우리는 그저 달린다. 시원한 바람보다 뜨거운 땀이 더 익숙한 계절. 그것이 청춘이다.

한낮의 열기는 숨 막히도록 뜨겁다.
해야 할 일과 하고 싶은 일이 뒤엉켜 머릿속은 늘 분주하다. 기대와 두려움이 한꺼번에 덮쳐와 마음을 짓누르고, 욕심과 현실 사이에서 몸부림치던 날들이 얼마나 많았던가. 그 속에서 수없이 무너지고 다시 일어나기를 반복한다. 실패가 두렵지만, 실패조차도 겪어내야 청춘이라는 것을 본능적으로 안다.

그러다 해가 기울며 서늘한 바람이 불어온다. 저녁 무렵의 청춘은 한낮의 불같던 열정이 잦아들고 잠시 고요를 맞는다. 그러나 그 고요 속에는 꺼지지 않는 불씨가 있다. 누구도 볼 수 없지만, 스스로는 분명히 느낄 수 있는 심장 박동. 그 리듬이 나를 내일로 이끈다.

청춘은 천국과 지옥을 오간다.
사랑을 시작할 때는 세상이 전부 내 것 같다가도, 이별 앞에서는 모든 것이 무너져 내린다. 작은 성취에도 세상을 다 얻은 듯 기뻐하다가, 사소한 실패 앞에서는 길을 잃는다. 그 극과 극의 감정이 우리를 지치게 하지만, 결국은 우리를 자라게 한다. 청춘이기에 가능한 극적인 기쁨과 슬픔. 그 모든 것이 모여 청춘을 찬란하게 만든다.

그러나 청춘의 여름은 늘 길게만 느껴진다.
오늘의 고통이 끝나지 않을 것 같고, 지금의 불확실함이 영원히 이어질 것 같다. 하지만 시간이 흐르고 돌아보면, 그 여름은 생각보다 짧다. 짙은 그늘에 숨어

울던 날조차 다시는 돌아오지 않는 풍경이 된다. 그래서일까. 청춘을 지나온 이들은 말한다. 그때가 가장 뜨겁고, 가장 아름다웠다고. 눈 부신 햇살과 소나기 같은 눈물이 있었기에 지금의 내가 있다고.

청춘은 완벽한 계절이 아니다.
덥고, 버겁고, 지치고, 때로는 그만두고 싶다. 그러나 여름의 폭풍우가 나무를 깊이 뿌리내리게 하듯, 청춘의 시련은 우리를 단단하게 한다. 또한 여름 바다의 파도처럼, 청춘은 수없이 부서져도 다시 밀려온다.

나는 청춘을 떠올리면 언제나 눈부신 태양 빛이 함께 떠오른다. 눈을 찌르는 밝음 속에 허둥대던 나, 그럼에도 웃음을 잃지 않으려 했던 모습. 불안과 두려움, 기쁨과 희망이 뒤섞여 있던 날들이 결국 내 인생의 가장 뜨거운 장면이 되었음을 안다.

청춘은 하나의 장면이다.
끝없이 이어질 것 같지만, 실은 영화 속 한 컷처럼 짧고 선명하게 남는다. 그 장면 속에서 우리는 울고 웃고, 사랑하고 이별하며, 길을 잃고 또 길을 찾는다. 그 모든 순간이 모여 '나'라는 이야기를 빚어낸다. 언젠가 그 장면을 다시 떠올릴 때, 우리는 깨닫게 된다. 그 시간이 있었기에 지금의 내가 있다는 것을.

청춘이여, 여름 같은 그대여.
천국과 지옥을 오가며 불안정하게 흔들렸으나, 결국은 가장 눈부시고 뜨거운 계절이었다.

2. 임만옥

청춘이라는 이름

넘어져도 다시 일어서는 힘
끝이 보이지 않아도 달려가는 발걸음

사랑에 웃고,
이별에 무너지고,
그 모든 순간에 흔들리면서도

결국은 나를 키워온 시간

청춘이란,
완벽해서 빛나는 것이 아니라
부족함 속에서 자라나는 이름이었다

3. 임만옥

내 안의 청춘

나는 수없이 실패했고,
그때마다 끝이라고 생각했다.
그러나 이상하게도, 끝은 곧 새로운 시작이 되었다.

사랑은 아팠지만 나를 더 깊게 만들었고,
눈물은 쓰라렸지만 마음을 더 단단하게 했다.
청춘은 늘 모자랐으나, 그 모자람 덕분에 나는 자랄 수 있었다.

시간이 흘러도 나는 안다.
청춘은 사라지는 것이 아니라,
여전히 내 안에서 살아 숨 쉬는 힘이라는 것을.

1. 윤태연
조각난 청춘도 청춘이 될 수 있는가

알싸한 여름

신호등에 붉은 태양이 맺힌다
이글이글 타오르는 그 햇무리가
도시를 잡아먹을 것만 같다

아지랑이 일렁이는 아스팔트
뜨거운 불판 같은 그 도로 위를 걷는다

치기 어린
진부한 물음 없이도
여리게 비상하는 것

너울 치는 파도의 조각들

거품 바다
조각난 청춘은 청춘이 될 수 없는가

탄산 터지듯 흩어지는 바다
무모한 사랑의 형태

푸르른 봄의 향기가 퍼진다

파란 하늘
파란 입술
파란
삶의 파란

무거운 이름을 이고서

넘어진다
따끈한 구름 너머로

녹색 해방의 물결
잡초처럼 굳건하게 자라

두 팔 벌린 순수

진하게 파인 웃음과
날숨으로 가득 찬 폐부

푸른 바닷물 들어선 척추
부풀어 오르며 뜀박질하는 심장

나는 심장의 울림을 슬프다로 읽는다

꿈꾸는 계절
모두가 꿈꾸고 상상하는
우상의 궤도

떨어지며 피어나는 것들이 있다

노랗게 익어가던
익숙한 과실의 매듭을
한 입 베어 문다

도망치고 싶은 순간
도피도 청춘이라고
먼 우주의 거짓말처럼

나부끼는 바람과
흩날리는 꽃잎들

푸르게 멍든 봄
고귀하고 저열한 더위가 기승을 부리고
열기로 물든 푸름이 식은땀 흘릴 때

푸름의 존재를 믿는다

영속하는 존재의 끈기를
명멸하는 비상등의 잔상을

더듬더듬 따라가면서

1. 안세진

청춘은 영원한 인생에서의 일장춘몽

청춘은 누구에게나 빛나면서도 덧없는 계절이다. 우리는 그 시기를 지나면서 무한히 펼쳐질 것 같은 가능성과, 다시 돌아오지 않을 불안정한 시간을 동시에 안고 살아간다. 그래서 청춘을 가리켜 '영원한 인생에서의 일장춘몽'이라 표현하는지도 모른다. 눈을 감았다 뜨면 사라져 버리는 꿈처럼, 청춘은 우리 곁에 오래 머무르지 않는다.

돌아보면 청춘의 날들은 언제나 서툴렀다. 세상을 향해 거침없이 달려 나가지만, 정작 내가 어디로 향하는지조차 명확하지 않을 때가 많았다. 실패가 두렵지만 동시에 실패조차 해보고 싶던 시절, 사랑을 하며 가슴이 뛰는 순간조차 언젠가 끝나리라는 두려움 속에서 더 치열하게 불타오르던 시절이 바로 청춘이었다. 그렇기에 청춘은 그 자체로 '불안정한 아름다움'이었고,

우리 삶의 가장 강렬한 빛으로 남아 있는 것이다.

인생이라는 긴 여정을 생각해 보면, 청춘은 한 장의 짧은 장면에 불과하다. 영원의 시간 속에 비춘다면, 그것은 봄날의 한순간처럼 스쳐 가는 짧은 순간일 뿐이다. 하지만 바로 그 짧음 때문에 청춘은 우리를 흔들고, 오래도록 기억 속에서 살아남는다. 우리가 늙어가며 추억하는 것은 성공의 순간보다도, 청춘의 불완전하고 불안한 날들 속에서 울고 웃던 장면들이다. 꿈이 이루어졌는지 여부보다, 꿈을 꾸며 몸부림치던 시간이 훨씬 더 선명하게 남는다.

청춘을 '일장춘몽'이라 부른다고 해서 그 의미가 헛되다는 뜻은 아니다. 오히려 그 순간은 인생을 형성하는 가장 진한 색채다. 잠에서 깨어난 후에도 마음속에 선명하게 남아 있는 꿈처럼, 청춘의 기억은 우리 인생을 끝까지 지탱하는 힘이 된다. 그때의 치열함이 없었다면, 나이가 들어서 맞이하는 평온 또한 의미를 잃었을 것이다.

그러므로 청춘을 사는 이들에게 전하고 싶은 말이 있다. 그것이 언제 끝날지 몰라 두려워하기보다, 찬란히 불타는 그 순간을 온전히 살아내라는 것이다. 청춘은 언젠가 지나가겠지만, 그 시간에 흘린 땀과 눈물, 그때 가슴 깊이 느꼈던 기쁨과 아픔은 영원의 일부로 남는다. 우리가 영원을 살 수는 없지만, 청춘은 우리에게 영원을 체험하게 해주는 유일한 찰나다.

그리고 이미 청춘을 지나온 이들에게도 청춘은 여전히 살아 있다. 그것은 더 이상 현실이 아니라 추억과 이야기 속에서, 그리고 지금의 나를 지탱하는 힘으로 존재한다. 청춘은 사라지는 것이 아니라, 다른 형태로 변하여 영원한 인생의 한 부분이 되는 것이다.

결국 청춘은 일장춘몽이자 동시에 영원의 조각이다. 그것은 덧없이 사라지지만, 사라진 뒤에도 우리 삶을 빛나게 하는 등불로 남는다. 그렇기에 청춘을 살아가는 사람도, 이미 청춘을 보낸 사람도, 그 시간을 소중히 안을 수밖에 없는 것이다. 꿈에서 깨어난 후에도 꿈의 여운이 삶을 바꾸듯, 청춘은 인생이라는 영원 속에서 가장 빛나는 순간으로 영원히 남는다.

1. 글쓰는 몽상가 LEE
그럼에도 불구하고 청춘은 계속된다

푸를 청(靑)과 봄 춘(春),
푸르른 봄날과 같은 청춘(靑春).

흔히 10대에서 20대 시절을
인생의 황금기라고 한다.

우리는 누구나 청춘의 황금기를 보내지만
어떤 이는 찬란하게, 또 다른 이는 열병처럼 뜨겁게
앓기도 한다.

내게 있어 청춘은 열병이었다.
얼굴을 뒤덮은 열꽃은 마음마저 붉게 물들였고,
불꽃 에너지는 열정과 분노로 표출되었다.

때론 두근거리는 마음의 파동을 온전히 느끼며,

때론 휘몰아치는 감정의 혼란을 철저히 외면하며
혼돈으로 뒤엉킨 청춘을 조금씩 흘려보냈다.

누군가는 말한다.
청춘이 아름답고 찬란한 이유는
영원하지 않기 때문이라고.

그렇기에 인생에서 찰나의 순간은
아쉬움과 아련함을 남기는 것이라고.

어느덧 나는 첫 번째 청춘을 보내고,
이제 두 번째 청춘을 맞이하고 있다.

격정의 순간이 지났어도,
시간의 흐름에 밀려났어도
그럼에도 불구하고 청춘은 계속된다.

겨울이 지나면 다시 봄이 오듯,
인생을 치열하게 살아가는 우리는
매 순간이 청춘이자 황금기이다.

1. 문순천

빛바랜 청춘의 초상

미래를 향한 다짐으로
청춘의 낭만을 가뒀네
두꺼운 전공 서적에
청춘의 한 시절을 포기한 시간

낙엽 흩날리는 캠퍼스
손잡고 걷는 연인들 부럽지 않았네
내 안의 뜨거운 열정이 그들보다 더 아름다웠으니까
때로는 핑크빛 설렘에
새벽까지 밤을 새우고
쓴 커피 대신 사랑 가득한
그대의 눈동자에 빠져들기도 했지

낙방의 쓴잔은 쓰디썼지만

후회는 없네
아스라한 기억 속에
지혜의 밑거름을 쌓았으니

나의 찬란했던 젊은 날이여
꽃길을 걷진 못했지만
세월의 풍파에 견딜 단단한 뿌리를
그때 얻었음을 깨달았네

수많은 청춘의 방황과 눈물
이제야 그 의미를 알 것 같아
빛바랜 사진 속 수줍은 미소처럼
아름다운 그림자 되어
오늘을 살아가는 나의 젊음이여
너의 아름다움은 그 안에 있음을

1. 새벽(Dawn)

유통기한

허한 배를 달래려
낡은 서랍을 뒤적였다.

구석에서 나온 작은 비스킷 하나,

언제 샀는지도 모르는 그것은
얇고 투명한 껍질을
간신히 붙잡고 있었다.

손끝에 닿은 포장은
한때의 같았다.

잘 보이지 않는 날짜만이
자신의 끝을 증명하고 있었다.

비에 젖은 듯 눅눅함
채워지지 않는 허기를
억지로 달래며 씹었다.

너에게도 청춘이 있었으랴

햇살 아래 바삭거리던 순간
사소한 손길에도 반짝이던 때가
그러나 나는 알지 못했다.

내게도 유통기한이 있음을.
서랍 속에 방치된 비스킷처럼

내 또한 그렇게
어느 날 불현듯 눅눅해진다.

아직 입에 넣지도 못한 꿈들이
봉지째 버려지듯
깜깜한 어둠 속에서

나조차 외면한 채로.

그리고 남은 것은
허기를 달래지 못한 배와
아무 맛도 남지 않은
오래된 나뿐이었다.

1. 진서윤

여름의 밀도

사방이 들어차는 계절이다. 겨울 내도록 허옇게 질린 하늘만 비추던 창이 이제는 빈틈을 찾을 수 없게 푸른 잎들로 가득 메워졌다. 향으로, 빛으로, 색으로 채워져 세상 어딘가의 공
허한 틈새가 사라지는 계절을 나는 여름이라고 부른다. 어쩌면 부담스러운 밀도인지도 모르겠지만, 그럼에도 숨 쉴 나무 그늘이 있다는 것은 행복한 일이다.
유독 찐득한 구석이 있는 날들을 살아갈 때가 있다. 더위에 못 이겨 삐질삐질 땀이 기어 나와 그러려나 싶기도 하지만 이유가 꼭 그런 것만은 아니다. 봄의 설렘과 가을의 결실 사이 딱 이맘때. 아직 남아있는 미성숙함과 넘쳐나는 감정을 못 이겨 많고 많은 일들이 들어차고 또 뒤죽박죽 섞여 그것을 하루하루 담아내기에 버거운 그럴 때쯤이면 하루하루의 밀도가 유

독 눈에 띄게 커짐을 느낀다. 그렇게 마냥 가볍게 흐르던 시간의 농도가 짙어져 흐르기 아쉬운 듯 찐득찐득하게 변한다. 스티커가 붙어있던 자리에 끈적한 접착제가 남아있듯,

그렇게 흐른 농도 짙은 시간의 흔적은 여전히 남아 때때로 발걸음을 붙잡아두기도 한다.

시간이 그렇듯 마음도 그렇다. 물과 같이 흘러가던 마음이 꾸덕한 점토처럼 변해갈 때가 오면 사람은 언제나 벽에 엉겨 붙어 떨어지지 않는 껌처럼 투박한 마음을 어쩔 줄 모르고 치덕치덕 발라대기 시작한다. 언젠가의 여름밤 친구가 건넨 편지에 적혀있는 여름을 좋아하는 이유가 마음에 들었다. 왜인지 모르게 모든 서툰 마음이 이해되는 계절인 것만 같다는 그 말의 "왜인지"에 대해 내린 나름의 답이었다. 계절이 들어차고 세상이 들어차듯 사람도 들어차서, 처음 느껴보는 자신의 끈적임을 여기저기 치대고 다니는 것이 아닐까- 하는 것이다.

삶을 1년이라 치면 지금의 때는 이제서야 봄이 무르익을 즈음이겠지만, 익어가는 봄의 더위도 낯선 나는 어쩌면 지금이 여름일지도 모른다는 착각 속에서 살

아가고 있다. 학교를 졸업하고 나면 한낱 추억으로 남겨둘 조그마한 것들에 크나큰 마음을 두고 있으니 말이다.

여름이 여름인지 모르고 살던 내게 그 계절을 알려준 아이가 있었다. 더위를 잘 타지 않던 내가, 에어컨 탓에 시원하다 못해 쌀쌀하기까지 하던 교실에서 그날 처음으로 한여름의 숨 막힘을 느꼈다. 사각거리는 연필 소리가 선명히 들릴 정도로 조용했던 그 공간이 왜 그리도 아슬아슬하게 느껴졌을까. 들어오는 햇빛에 빛나는 먼지 한 톨만 떨어져도 펑 터져버릴까 조심스러운 마음이었다.

그리도 아끼고 아끼던 마음을 방울방울 그 애에게 떨어뜨려 보기도 했다. 몰라줘도 좋을 마음이었지만, 그럼에도 혼자만 가지고 있기엔 아까웠던 터였다. 유난히 맑던 여름의 이슬과 같이 깨끗했던 마음은 그 애에게도 닿았나 보다. 좋아한다는 투박한 한마디는 그 두 귀에 닿자마자 빠르게 스며들었고, 사랑이 무엇인지도 모르던 우리는 그럼에도 사랑이라 불러도 좋을 감정을 엮어갔다.

그것은 한여름 녹아내린 주머니 속 캔디처럼 짓 게

달라붙었다. 쉽게 미끄러지지 않고 꼭 붙어있는 꼴이 사랑스러웠다. 우리는 양 손에 엉겨 붙은 마음을 서로에게 덕지덕지 발라댔다. 바르면 바를수록 둘을 구분하기 어려울 만큼 가까워졌다. 때때로 흘려보내는 편이 좋을 일들까지도 붙잡아두는 그 점도가 버거울 때도 있었고 그 고집스러운 미련들이 서로를 힘들게 할 때도 있었지만, 그땐 그저 짙은 공기를 폐 가득히 들이마시는 것이 최고이자 최선의 선택이었다.

언젠가 후덥지근한 밤공기 속 가로등 빛무리를 바라보던 나를 눈에 담던 네 모습이 선하다. 짙은 숨을 겨우 내뱉으며 영원했으면 좋겠다고 벅찬 듯 말하는 네 목소리는 나를 곤란하게 만들었다. 영원이란 것이 없단 걸 알면서도 괜히 믿어보게 만드는 말이었다. 나도 그 영원을 누구보다 간절히 바랐기에 어쩔 줄을 몰랐다. 감당할 수 없는 크기의 마음은 농도가 짙기까지 해서 실은 다루기가 버겁기까지 했다. 온몸에 엉겨 붙어 나조차도 주워 담기 힘들 정도였다. 그래서 너의 어깨에 스윽 문지른 것이기도 했다. 조금 더 능숙했다면 좋았을 것을, 그 버거움이 영원함을 가장 바라면서도 그것이 다른 것이 아니라 버거움이었기에 순간임을 알았다.

그해 여름이 다 가고 두어 번의 계절이 더 지났다. 이제는 아직 손끝에 어린 달큰한 캔디 향만이 어렴풋 남아있다. 예상하던 유한함을 실감하는 것이 결코 쉽지만은 않았다. 또다시 여름이 왔지만, 그때만큼 진득한 계절을 보내고 있는 것도 아니라 향수에 취해 지낼 때도 여전히 잦다. 그럼에도 그 시간들을 애정한다. 이제는 돌아갈 수 없다 해도 돌아갈 수 없기에 애정하고, 서툴렀다 해도 서툴렀기에 그렇다. 인생을 1년으로 치면 고작 봄 즈음인 시기겠지만 그때는 분명 나에게 여름이었고, 그래서 나는 여러 해를 살아가기로 했다. 조금은 버겁고 때로는 투박한 그 계절을 여러 번 맛보는 방법은 수많은 순환을 거치는 쪽만이 전부였다.

숨 막히는 밀도를 즐기면서 살아보기로 했다. 버거우면 온몸으로라도 짊어져 보고 투박하면 또 그런대로 나름의 조각을 해보기로 했다. 그렇게 이곳저곳 몸과 마음을 치대며 살다 보면, 마음의 모양은 맘대로 정할 순 없어도 그것을 담을 그릇의 모양 정도야 정할 수 있는 사람이 되지 않을까. 예상치 못한 시기에 또 커다란 밀도가 몰려올지도 모르지만 이제는 나름의 그릇을 안고 기대를 품을 줄 아는 사람이 되었다. 눈앞에 가득한 푸른 창이 새삼스레 아름답다.

1. 구석기

청춘의 별

고개를 들어 하늘을 보면
항상 눈에 들어오는 별이 있다.

별의 미소를 가졌던 시절
햇살 머금은 공기가 가득한
낡은 골목길을 달리며
한 번쯤은 넘어지기도 했던 시간.

뜨겁게 타올라 재가 되더라도
그 꿈을 향해 거침없이 달려가던 청춘
그땐 모든 것이 영원할 것만 같았다.

하지만 바람 같은 시간은
호수 위의 동심원을 지우고

무성했던 나뭇잎을 떨어뜨렸다.

그래도 그 눈부신 미소와
넘어졌던 자리의 흉터는 추억으로
사라지지 않는 별이 되어
영원처럼 빛나고 있다.

고개를 들어 하늘을 보면
항상 눈에 들어오는 내가 있다.

1. 유체

그때의 우리

우리 조금 더 일찍 만났더라면
아무것도 모르던 시절, 순수하게 사랑했다면

풋사랑이었다 하고 웃어넘길 수 있었을까
한여름 밤의 꿈이었다며
지나간 일처럼 말할 수 있었을까

네가 나의 청춘이었음을
그저 나의 과거로 담담히 넘길 수 있었을까

나는 돌아올 수 없는 우리를 끌어안고
아직도 그때의 너를
조금은 아프게 그리워하고 있는데

1. 여휘운

청춘

늦봄도 푸를 수 있는데
친절함을 쓴 비난과
다정을 도금한 욕이
싹을 쉬게 만들어

쉼을 당한 씨앗은 다음 계절들로 숨겨지는데
다들
숨는대

형편없는 시험지를 감추는 아이처럼 숨겨놓고
나보고
숨는대

표면장력을 넘은 세대의 진리에

어긋나는 계절과
돌아버린 능동 피동

설문조사에서
'그냥 쉬었음'
체크하는 손가락마저
난자당한 푸른 봄씨

'그냥'과 '쉬었음' 사이
치열함과 처절함은
괄호에도 포함되지 않는
이야기 없는 이야기

잘못과 책임으로
아래로만 자라는 오늘의

2. 여휘운

동문록

가름끈에 나눠진 10년

각각의 페이지는
나름 기쁘게
혹은 슬프게
그래도 행복하게
적혀 있었다

한 줄 한 줄
전부 읽을 순 없었지만
저마다의 청춘이었다

편린이 불어다 준 회상은
비망록에 잠시라도

머물겠지

다음 페이지에
가름끈을 옮긴다

1. 윤아정

청춘, 재생

반복되는 소음
사라진 멜로디
쌓여가는 잡음

청량한 소절 하나
남아 있기를
끊어진 트랙에서
울려 퍼지는 바람

바람 타고 들려오는
낯선 맑은 음

하늘 아래에
같은 소리 없다

끝없이 되감기는
찬란의 여명

꺼버릴 수 없는
나의 곡, 청춘

1. 김서영

청춘의 자기소개

행복하다는 말을 수도 없이 했다. 선선한 바람이 좋았고, 부슬부슬 내리는 비를 맞았다. 까맣게 타들어 흩날리는 잿가루는 꽃잎이 되어 어딘가에 피워내고. 하고 싶은 일이 있고, 함께하는 사람들이 있고, 행복을 느낄 수 있는 사람이라는 사실이 퍽 좋았다. 이러한 감정을 달리 표현할 방법이 떠오르지 않는 것을 보니, 쉽사리 경험하지 못했던 혹은 이러한 감정에 소원해져 있던 것일까 싶은.

앞뒤 재지 않고 계절학기 수강을 취소했다. 사실 앞뒤를 재지 않았느냐 한다면 그것은 아니지만, 뭔가 그래야만 할 것 같았다. 내가 나의 인생에 있어 여름이니 낭만이니, 복숭아, 수박, 숲, 녹음 이러한 것들을 피워낸다면 꼭 지금이어야 할 것만 같았다. 챙겨야 할 것들을 챙기면서도 그 어느 때보다 양껏 행복할 자신이 있었다. 완전무결한 행복을 찾겠다는 자신보다는, 끊임없이 행복을 찾게 될 것 같다는 도전 정신이 강했던 것이라 생각하는 편이 낫겠다.

이러한 나의 행복이 너무나도 사소한 것인지, 가벼운 것인지 고민에 빠져드는 때도 있었다. 스물다섯에 내 인생의 여름이라니. 그닥 좋아하는 것도 아니었던 계절을 양껏 사랑하게 된다니. 매일 뜨고 지는 해와 달과 별과 이리도 애틋해질 수 있다니. 뜨거우면 뜨거운 대로, 눅눅한 감정마저 여름의 맛이라고 입맛을 쩝 다시고 마는 사람이 되었다니. 좋아하는 계절이 여름이 되다니, 여름이라니!

그러나 나는 행복의 역치가 유치하리만큼 낮은 사람이고, 나의 삶을 제법이지 사랑하고, 역경은 쉬이 이겨내지 못하더라도 끝내 버티고 서있는 사람쯤은 될 수 있다는 것을 안다. 지나고 보면 나를 흔들던 모든 것은, 꼿꼿이 서 있는 나의 발 아래에 올 것을 안다. 그 속에서는 당연하게도 종종 흔들릴 것을 안다.

'흔들리지 않고 피는 꽃이 어디 있으랴' 흔들린다는 것은 나의 뿌리를 믿는다는 것이지. 많이 구르고 깨져보기도 한 나는-물론 나의 흔들림이 그리도 대단한 것 되지는 않음을 알고 있다-자신이 있다는 것이지. 적당한 때에 웃는 방법, 적당한 때에는 또 힘겨운 삶을 지나기도 하는 법. 커다란 돌멩이 위에서 커피 한 잔쯤은 들이킬 수 있는 법. 가만히 서서 양팔을 벌리고 드라마 주인공처럼 훅 불어오는 바람을 맞이하는 법. 별이 총총 뜰 때는 또 누워서 하늘만 바라보는 법.

내게는 낭만과 청춘이라는 단어와 함께인 때라야 자랑스러운 것들이 너무도 많다. 나, 스물다섯, 여름, 낭비, 푸름, 뜨거움, 그리고 때로는 고난. 그러한 모든 것들은 끊임없이 나를 다시 사랑하도록 만든다. 무엇도 사랑하지 않겠다 다짐한 각오가 무색하게도, 그 마음까지도 모조리 타버리고 마는 것이다.

1. 너울

청춘의 계절

청춘의 계절

청춘(靑春). 푸르른 봄
그러나 왜 우리는
여름을 청춘이라 부를까

여름은 뜨겁고
숨 막히며,
때로는 벅차게 아프다

그 속에서 우리는
넘어지고, 또 일어서며
비를 맞아내고
다시 앞으로 나아간다

끝없이 돋아나는 잎사귀처럼
멈추지 않는 성장, 그 힘 때문에
우리는 여름을 청춘이라 부르는 게 아닐까

2. 너울

청춘이라는 이름의 우리들

청춘이라는 이름의 우리들

다들 우리를 보고 청춘이라 한다
빛나고, 푸르고, 찬란하다고

그러나 우리는 아프다
넘어지고, 흔들리고
때로는 어둠 속에서 길을 잃는다

남들은 말한다
"지나고 나면 가장 푸르렀던 시절이었다"

그 시절이 가장 빛났다고
정말 그럴까

우리가 견딘 상처와 눈물도
빛으로만 기억될 수 있을까
아직은 잘 모르겠다

오늘을 살아내는 우리 안에
청춘이 흐르고 있다는 것만은
부정할 수 없을 뿐이다

1. 지수경

청춘의 물끝

푸르고 찬란하기만 할 줄 알았던 나의 청춘,
그 계절엔 비가 쉼 없이 쏟아지더니
그 물이 끝내 바다가 되어
나를 조용히 아래로 끌어내렸다

부서지고 길게 다가오는 파도의 말들이
내 곁을 받치듯 물 끝까지 밀어 올리고
스치듯 머문 파도 소리에서
세상이 얼마나 다정한지 배웠다

파도와 함께한 모든 순간들은
찬란히 빛나던 청춘의 조각들로
조용히 내 마음에 머물러—

그 조각을 모아
마음속 어딘가에 조그만 불을 밝혀 둔다

부디 그 불빛이 등대가 되어,
파도가 머무는 곳마다
서로의 곁이 되어 안온히 쉬어가고
그 따뜻함이 오래 머물기를—

나는 숨죽여 기도한다.

1. 백현기

엄마의 청춘은 시장에 있었다

청춘. 흔히들 뜨거운 햇살, 꿈으로 반짝이는 시절이라고 말하겠지만, 나의 청춘은 달랐다. 마치 우리 엄마 이름을 부르는 듯했다. '이여사.' 삶의 모든 순간을 오롯이 가족에게 내어준, 엄마의 땀으로 채워진 시간이었다.

등하굣길, 친구들과 장난을 치며 시장 골목을 지나던 때가 있었다. 평소라면 가지 않았을 길이었는데, 친구들에게 휩쓸려 어느새 그곳까지 들어서 있었다. 시끌벅적한 상인들의 목소리, 갓 튀겨낸 기름 냄새, 어깨를 스치며 오가는 사람들의 분주한 걸음 속에서 낯익은 글자가 눈에 들어왔다. 헌 종이 박스에 삐뚤삐뚤 써 놓은 글씨였다.

"싸게 드려요!"

순간, 고개가 돌아갔다. 야채 상자 뒤에 쪼그려 앉아 시금치를 다듬는 엄마가 있었다. 흙 묻은 손끝, 물에 젖어 축축해진 앞치마, 이마에 맺힌 땀방울까지 멀리 떨어져 있는데도 눈에 선명하게 들어왔다.
그 순간 소란은 모두 멀어지고, 그 자리에는 오직 엄마만 남아 있었다. 집 안에서 보던 엄마가 아니었다. 내 앞에 있던 엄마는 하루를 버티고, 살아내는 한 사람이었다.

한여름 햇볕에 달궈진 길 탓이었을까. 순간 귀까지 화끈하게 달아올랐다. 혹시라도 친구들이 엄마를 볼까, '쟤 엄마 시장에서 일한대' 하고 놀리지는 않을까, 온몸이 그대로 굳어버렸다. 나는 고개를 숙인 채 친구들 뒤로 몸을 숨겼다.
시장 바닥에 흩어진 채소잎조차 눈에 거슬렸다. 못 본 척, 아무 일 없다는 듯, 빠른 걸음으로 골목을 벗어났다. 그리고 들키지 않으려는 듯, 일부러 더 크게 웃어 보였다.

하지만 웃음 뒤에는 늘 설명할 수 없는 불편함이 남

앉다. 마치 누군가 뒤에서 꽉 잡고 있는 것처럼 마음이 무거웠다. 시장 냄새, 귀에 여전히 울려 퍼지는 엄마의 목소리. 그 모든 것이 내 어깨를 붙잡는 것 같았다. 그때는 알지 못했다. 무거운 상자에 기대어 있던 엄마의 젊음이, 가장 아름다웠던 당신만의 청춘이라는 시간이었다는 것을.

세월이 흘러, 나는 타지에서 사회생활을 시작했다. 하루하루가 버거웠고, 누군가에게 내 마음을 털어놓기도 어려운 날들이 반복됐다. 몇 달 만에 겨우 집으로 돌아온 어느 늦은 새벽, 집은 잠들어 있었다. 불 꺼진 식탁 위에 김밥 한 줄이 놓여 있었다. 멸치, 김치, 시장에서 남은 싱싱한 채소가 들어간 소박한 김밥. 아무렇지 않게 몇 알을 집어 입에 넣는 순간, 김밥의 짭짤한 멸치와 아삭한 채소, 참기름의 고소한 향이 느껴졌다.

조용히 한 입을 삼키는데, 한 뼘쯤 열린 안방 문 사이로 희미한 빛이 깜빡였다. 가까이 가보니, 바닥에 앉아 침대에 기댄 채 잠든 엄마가 보였다. 불 꺼진 방 안에서 오직 텔레비전 화면의 반짝임만이 조용히 살아 있었다. 불빛이 엄마의 얼굴 위를 스쳤다. 가슴이 턱 막혀왔다. 주름진 이마, 다소곳이 모아진 두 손, 긴 하루에 지쳐 잠든 얼굴. 불빛이 지나가며 그 얼굴을 어루만질 때마다, 나는 숨조차 쉬기 어려웠다. 나는 틈 사이로 바라볼 뿐이었다.

어릴 적 시장 골목에서 일부러 눈을 돌렸던 그 얼굴, 부끄럽다고 피했던 그 얼굴을 이제는 침묵 속에서 바라봤다. 텔레비전의 희미한 불빛이 잠시 스쳤다가 사라질 때마다, 내 가슴안에는 설명할 수 없는 감정이 쌓여갔다. 그것은 미안함이었고, 감사함이었고, 사랑이었다.

식탁 위 김밥은 단순한 음식이 아니었다. 한밤중, 가장 고요한 순간에 피어난 꽃 같았다. 엄마가 흘린 땀과 쏟아낸 시간, 끝없는 마음이 응축되어 내 앞에 놓여 있었다. 그 꽃은 지친 내 몸과 마음을 다독이며, 다시 살아낼 힘을 건네주고 있었다. 그제야 비로소 깨달았다. 내가 눈길을 피하던 시장 속 엄마의 뒷모습부터, 늦은 새벽까지 나를 기다리다 잠든 엄마의 모습까지, 모든 순간이 엄마의 청춘이었다는 것을. 내가 여기 이렇게 살아 있는 것, 내가 누리고 있는 것 전부가, 엄마가 온 힘을 다해 피워낸 가장 소중하고 아름다운 꽃이라는 것을.

세월이 흐르면서 엄마의 젊음은 조금씩 희미해졌다. 그러나 나에게 쏟아 준 시간과 마음만은 지워지지 않았다. 그건 내 삶의 가장 깊은 자리에 뿌리처럼 남아, 내가 흔들릴 때마다 다시 일어설 힘이 되어 주었다.
내가 지금 이렇게 버티고 자라날 수 있었던 건, 엄마가 자신의 젊음을 아낌없이 내어주어 만들어 낸 거름 덕분이었다. 이제는 안다. 엄마의 청춘이 시장에 있었다는 사실을. 내가 살아가는 하루하루가, 그곳에서 흘린 땀과 눈물, 그리고 사랑 위에 서 있다는 것을.
나는 엄마라는 단단한 흙 위에서 피어난 작은 꽃이다. 언젠가 나도 누군가에게 꽃을 피워 줄 흙이 되어, 그 마음을 이어가며 살아가고 싶다.

1. 하형정

아직 열리지 않는 봉우리

아직 열리지 않은 봉오리,
숨죽여 마음속에서 먼 미래를 예비한다.

빗물에 젖어 눕는 줄기,
더 단단히 뿌리를 품으려는 시간이다.

별빛을 줍는 길 위의 발걸음,
차곡차곡 작은 파편이 내일을 밝힌다.

두려움은 흩날리는 바람이 되고,
희망은 노래로 피어나 춤춘다.

청춘은 늘 새벽을 건너는 심장,
다시 뜨겁게 떠오르는 해가 된다.

1. 조모연

10대의 청춘

저는 "빛나다"라는 단어가 좋아요. 그들은 나에게 나는 그들에게 빛나는 존재라 더욱 그런 거 같아요. 누구에겐 빛나지 않을 우리는 알고 있어요. 우리 서로서로가 빛나는 별이라는 것을요. 우리의 또한 그렇지 않을까요? 누구에겐 평범한 하루가 우리에겐 행복한 하루인 것처럼 수많은 빛 중 가장 빛난 나를 그리고 너희를 서로가 알아볼 수 있어서 우리의 10대는 굵고 짧았던 거 같아요. 우는 날 보다 웃는 날이 많았던 우리 하지만 혼자 몰래 울었던 우리 서로의 힘듦을 이해하고 받아드린 우리. 영원하지 않아 청춘이었던 우리의 10대야 내 마음속에 칠흑 같은 나의 감정들을 우리의 빛나는 청춘이란 밝디밝은 감정으로 바뀔 수 있게 물들여줘서 내가 너희의 청춘에 있어서 너희가 내 청춘에 있어 줘서 너무나도 고마워
내 마음속에서 영원히 반짝이게
움직일 우리라는 10대의 청춘.

2. 조모연

아픈 손가락

그 시간 속에 나는 그리 강하지 않았다. 그렇지만 모두에게 약속했다. 내가 너를 지켜주겠다고 너도나도 모든 게 다 어색하고 힘들었던 시절 사실 난 알지 못했다. 남을 지키느라 나 자신을 지키지 못했다는 것을 모두가 날 떠날 때 깨달았다. 인간은 결국 혼자 남는다는 것을 그저 웃을 수 있는 삶을 살고 싶은 것 뿐이었는데 행복해지고 싶었던 것뿐이었는데 나의 아픈 청춘아 나에게 이럴 필요는 없었잖아. 그냥 단지 사람이 좋았던 거뿐인데 모두를 지키려고 했던 거뿐이었는데 제일 중요한 나를 돌보지 못했네.

그래서 무너졌다. 모두를 지킨다고 말했으니. 다들 성장이라는 계단을 오를 때 난 기꺼이 발판이 되어주었다. 약속 했으니까 하지만 그 발판은 낡고 낡아 더 이상 쓰지 못했다. 고칠 수 있는지도 잘 몰랐다.

'사람의 빈자리는 사물이 아닌 다른 사람으로 채우는 것'이라고 누군가 그랬다. 그때 나는 이해하지 못했다. 만약 이해했다면 너를 지킬 수 있었을까. 내가 너무 힘들어 무너질 때 난 보지 못하였다. 내가 무너졌을 때 넌 충분히 무너져 형태를 알아볼 수 없는 상태였다는 걸 하늘은 뭐가 그리 급하다고 널 데려갔는지 하늘에 천사가 부족했나 아니면 너를 오랫동안 기다리는 사람이 있었나 그것도 아니라면 그냥 네가 쉬고 싶었나 이유를 알 수 없다 한들 난 늘 너를 존중해 나의 세상아 나의 바다야 나의 하늘아 늦게 갔으면 좋으련만 그래도 그곳에선 울지 말고, 힘들지 말고, 늘 행복하고 웃는 모습이 이쁜 너의 미소를 거기선 마음껏 보여줘 예쁘게 피어나고 싶었던 꽃은 사람들의 무관심에 짓밟혀 죽은 것 아닐까라는 말을 할 때면 네 생각이 들어 네가 아무리 그리워도 나는 시간이 조금 더 흐른 뒤 너를 찾으러 갈게. 아무리 네가 내 세상이라 한들 넌 나의 아픈 손가락이었나 보다. 네가 만약 여행을 떠나지 않았다면 아마 내 곁에서 '아팠기에 더 기억에 잘 남아서 청춘이지 않을까?'라는 말을 건네지 않을까? 우린 아니 나는 청춘을 너무나도 아프게 지냈나 보다

1. 윤현정

청춘

무엇이든 할 수 있고
무엇이든 해낼 수 있다

오늘은 실패해도 내일의 꿈을 꾸고
오늘은 넘어져도 내일은 뛸 수 있다

시작의 기쁨을 알고
도전의 행복을 알 수 있다

인생에 답은 없지만
청춘은 반드시 답이 있다

청춘,
가만히 있어도 푸르고
시들어도 다시 핀다

1. 사랑의 빛

그래서 청춘이다

고요한 눈으로 뒤돌아본다
청춘, 찰나의 빛처럼 쏜살같이 지난다

젊은 날 희미했던 빛나는 젊음
존재 자체로 충분히 아름다웠던 시절
영원할 것 같은 열정이 차갑게 식어내리고 나니
그때 그러면 좋았을 걸
뒤늦은 후회가 몰려온다

뜨겁게 불살라도 지칠 줄 몰랐다
아프게 사랑해도 놓을 수 없었다

그래서 청춘이었다

꿈꿀 수 있는 희망을 먹고
팔딱팔딱 뛰는 생명력으로 끝없이 도전하고
아무렇지 않은 평범한 오늘을 지켜낸다

쓰디쓴 실패의 거름 속에 피어나고
그 시절의 이름만으로도 푸르게 찬란하고
내 생애 모든 날들이 영원할 것처럼 하루를 살아간다

안이함을 뿌리치며 달려 나가
썰물처럼 밀어내는 두려움 앞에 하늘을 보며
평범을 견뎌내는 기적이 쌓여 비범을 이뤄낸다

찬란한 청춘이 시들어버릴지라도
심기워진 청춘이 약재료가 되어
또 다른 오늘의 나를 꽃 피우고
새로운 내일의 나를 열매 맺게 한다

그래서 산다
그래서 청춘이다

1. 노기연

동화

푸르른 공기에서 헤엄치며 꿈꾸던 그때,
현재의 소중함을 모른 채 짜증 섞인 불만을 늘어놓았다.

나의 과거와
현재와
미래가 만나는 순간

내가 사랑한 눈부신 오늘과
내가 살아갈 앞으로의 내일이
빛을 밝혔다.

청춘이란 모든 순간은,
찬란하지 않은 적이 없었다.

2. 노기연

푸른 무지개

나의 하늘에 푸르른 무지개가 떴다.
무지개를 잡고 싶었다.
다른 사람의 무지개가 부러웠다.

푸르른 하늘과 바다 틈에 흩뿌려진대도
구름 속에서 청춘이란 무지개는 살짝 고개를 내밀었다.

설령 순간의 아름다움일지라도
무지개는 무지개인 것만으로도 충분했다.

1. 희작

아픈 청춘이자 빛나는 기록

끝없이 늘어진 긴 터널을 지나는
발목에는 커다란 족쇄가 채워져
무척이나 무겁다.

실패의 기록들이 무참히 뒤엉켜
형체를 알아볼 수 없이 큰 뭉텅이가
되어 발걸음을 무뎌지게 만든다.

정말 지금이라도 멈춰야 하는 건지
의미 없는 세월들을 낭비한 건 아닐지
빠르게 뛰던 심장에는 서서히 물이 채워져
차갑게 식어간다.

실패라는 상처는 복구가 될 수 없는
무의미한가치라서 더 이상 도전할

용기를 상쇄시키는 걸까?

몇 번의 좌절을 더 해야 조금의 빛이라도
볼 수 있을지 고뇌의 시간 속에 갇힐 무렵
무심코 뒤를 돌아본 곳에는 흐리지만 분명히
빛을 내고 있는 작은 별들을 목격했다.

지금까지의 실패들이 별이 되어 옅은
불빛을 내고 있었다.

아, 잘못 생각하고 있던 것이다.

내가 실패라고 여겨온 것들이
사실은 바라온 꿈을 실현시킬 수 있는
원동력이었구나.

그저 실패라고 치부할 가치가 아닌
유의미한 경험이었다는 걸 깨달았다.

꿈꿔온 미래의 내 모습에 다가가기

위해 부딪히고 무너지고 주저앉았던
그 시간들이 결코 헛된 것들이 아니었다.

겪지 않았으면 하지만 꼭 겪어야 하는
성장의 통증이었을 뿐, 실패는 없었다.

다시 일어나 걷는다.

며칠, 몇 날, 몇 년이 지나면 발목에
채워져 있는 족쇄는 더 무거워질 것이다.

그렇지만 두려움은 없다.

하루가 지날수록 발자취는 원하는 곳에
가까워질 것이고 그 곳에 가기까지 감내해야
할 아픔들은 수북히 모여 언젠가 큰 빛을
터드릴 것이라 믿는다.

나의 아픔은 곧 나의 빛나는 청춘의 기록이
될 테니까.

2. 희작

청춘의 시간 들에 함께한 이들에게

고마워, 나의 청춘의 시간 들에
함께한 모든 이들아.

가장 예쁠 시기에 있던 나를
바라봐주고 옆에 있어 줬던 얼굴들은
미치도록 아름다웠어.

서로의 기쁨은 2배가 되고
서로의 슬픔은 2배로 나눠 가지며
서로의 시간들을 공유했던 그때를
기억하니?

아무것도 바라지 않고 오직 서로의
온기만을 찾았던 순수한 어린 영혼들의

이야기는 지독한 향수처럼 허공을 맴돌다
어느 순간 사라져 버렸지만 내 주위에는
잔상처럼 남아있어.

아직 그때의 추억들이 그립기도 해.

하지만 세월이 지나듯 관계도 지나는 것이니
우리의 관계 유통기한은 끝났지만 여전히
너희들의 꿈을 응원하는 건 변하지 않았어.

그건 너희들도 마찬가지일 거라고 믿어.

그러니 우리가 살아온 날들 속에 서로가
함께한 세월 정도는 고마워할 수 있겠지.

고마워, 나의 청춘의 시간 들에
함께한 모든 이들아.

1. 손신우

비행운

하늘을 좋아하던 아이가
비행운을 그리며 활공한다

시시한 청춘을 보내는 중이다
재미없는 농담과 못생긴 친구들
지면 위로 떨어지는 땀방울
피식, 웃음이 새어 나온다

왜 그런 것 있지 않냐고

아픈데도 아픈척하지 않기
남몰래 눈물을 훔치고 나마저도 속이기
남의 시선 끝에 나를 갖다 대기
가짜 웃음으로 관계를 이어가기

가끔은 내겐 청춘이 아프기도 해서
이쁘게 포장한 사춘기인가 싶기도 하고

미래의 나에게 있어 과거가 된 시간은
그때에도 여전히 같은 의미의 청춘인지
유월의 복숭아는 대부분 달콤한데
물컹한 것과 딱딱한 것이 뭐가 그리 중요했는지

나는 여전히 불안하고 어리기만 한데
알아가는 세상이 내가 좋아하던 하늘과 너무 달라서
어리광 부리는 어른이 되고 싶다는 건 꿈에 불과해서
영원이란 건 없다는 잣대를 들이미는 어른의 말을
시니컬하게 웃어넘기는 연습을 한다

손 틈 사이로 비친 햇빛이 미간 사이로 다가온다
간질거리는 이 감정을 잃고 싶지 않다

나는 너희들을 정말 오래 볼 생각이거든

아침 등굣길에 그 피곤한 시간 속에
양옆으로 나란히 웃으며 걷는 친구들
그 모습이 너무 예뻐서 나는 그걸 청춘이라 할래

희끗한 허상이 푸름에 응답하네
현재 진행형인 우리의 청춘은 어느 계절에
가장 짙은 채도로 진득한 어리석음을 새길까

너의 이름 석 자는 그 자체로 여름이어서
역시 이번 계절에 모든 나를 쏟아 부을래
낱말 하나하나가 하늘 위로 떠올라 비행운을
그리나 봐

이제는 아픔 없이 이곳에 머무르길 바라,
우리의 청춘이

2. 손신우

비밀.mp3

내가 비밀 하나 알려줄까?
난 종말 하는 세상 속에서도
행복을 누릴 어딘가를 찾고 있을 거야
나는 그 시간을 너와 함께할 거야

어릴 적 나는 어른이 되고 싶었어
지금도 그 생각은 같지만 이유만은 달라진 것 같아

눈 밑까지 둘러 감은 목도리 속에서
아직 닿지 못한 여름을 상상해 봤어
어색한 시간을 보내고 있더라
유월의 귤은 뜬금없지만 그래서 두 번 맛보게 되고
줏대 없는 인간관계지만 이번만큼은
놓치기 싫어 알량한 용기 한번 내보고

창유리 밖 새벽에 찬 이슬 위로 녹찻잎이
떨어지더니 우연히 향기로운 여름이 만들어졌네
내 여름은 쌉쌀한 초록색인가 보네
가끔은 떫은맛에 당장 뱉어버리고도 싶겠네

우리들의 이야기를 엮은 시집을 낼 거야
무슨 이야기들이 들어있을진 아직 모르지만
아마 엉망진창이겠지 다듬어지지도 않은
마냥 어린아이이고 싶은 그런 몸부림 말이야

그러니까 내가 원하는 건
우리 성숙해지지 말자 그냥 덜떨어진 채로
이런 청춘을 남기자

포레스트 웨일

공동 작가

영원

1. 이겹

영원일 줄 알았어

너와는 정말 영원할 줄 알았다.
그만큼 우린 잘 통했고, 비슷했고,
내가 너고 네가 나였으니까.

사람들이 우리라는 존재를 하나로 본 건
네가 처음이었으니까.

서로의 감정도 하나인 것처럼
꼭, 들어맞았으니까.

그래서일까, 난 아직도 우린 꼭,
아주 나중에라도 꼭 다시 만날 것만 같아.

이 바보 같은 생각이 거짓이라 해도 좋아.

상상만으로 행복해지는 일이니까.
나만의 일이니까, 나만의 안식처니까.

이 순간에도 너는 나를 생각이나 하고 있을까?
난 이 책이 덮이는 순간까지 널 생각하고 있을 텐데.

너도, 이 글이 너에게 닿을지는 모르겠지만

이 글을 읽고 조금이라도 내가 생각이 났다면,
너와 나의 추억이 조금이나마 남아있다면,

부질없는 바람이지만 나에게 연락 한 통 해줄래?
아, 아니 그냥 생각이라도 좀 해줘.

그럼 나 정말 행복할 것 같으니까.
왜인지 네가 느껴질 것 같으니까.

1. 명랑소녀

영원히 잊지 않을게

오래도록 잊고 싶지 않은 외할아버지는
어릴 때도 초등학생 때도 안아주시고 용돈도 주면서
엄마 말씀 잘 들으라고 하셨다

하지만 돌아가시기 일주일 전에 뵈러 다녀왔던 날
할아버지가 나에게 엄마 할머니 잘 챙겨드리고 말썽 부리지 마 알겠지? 하셨는데
돌아가신 후에 말씀도 평생 잊지 않고 영원히 마음속에 기억하고 있다

그 시절 뭐든지 뛰어놀고 하는데 할아버지 돌아가신 뒤로 너욱 마음속 잊지 않고 영원히 기억하려고 모든 일을 도와드리고 성실하게 크자 생각하면서 내 마음속을 두드렸다.

곁에 누가 돌아가시면 마음에 남고 하는 구나라고 했는데

한 분이 그 곁에서 도와주고 시켜주실 거야 하면서 잊지 않고 기억하면서 한 단어 영원히는 잊지 말아주라고 하셨는데 정말 그 후에 성장 후 더욱 알고 나니 마음이 찡하게 울렸다

3. 한민진

지워지지 않는 순간

우린 끝났다고 생각했는데
어딘가에 남아 있었어

사진도, 편지도 없지만
내 마음엔 그대로 살아 있더라

이름을 부르지 않아도
네가 떠오르는 순간들이 있고
말하지 않아도
여전히 기억이 말을 걸어

시간은 모든 걸 데려간다고 했지만
진짜 소중한 건
그저 자리를 바꿔

내 안에 영원히 머물러

지워지지 않는 순간
그게 바로
내가 가진 너의 '영원'이야

2. 류광현

시선 속의 영원

그날의 당신을 기억합니다.
복잡한 거리, 서로를 인지하지 못했던 오후.
그 틈에서
저는 당신을 보았고,
당신은 저를 바라보셨습니다.

단순히 스쳐 지나갈 수도 있었던,
짧은 시선의 교차.
그러나 그 순간,
모든 소음이 사라졌습니다.
세상의 색채가 옅어지고,
시간이 멈춘 듯했습니다.
숨조차 잊은 채,
저는 당신의 눈동자 속에 머물렀습니다.

그것은 분명 짧은 시간이었을 것입니다.
어떤 이에게는 3초,
또 다른 이에게는 무의미한 찰나.
하지만 제게는
하루보다, 계절보다,
어쩌면 삶보다 더 길게 느껴졌습니다.

당신의 눈빛 안에는
말로 표현할 수 없는 온기가 있었습니다.
따뜻하면서도 낯설고,
그리면서도 처음 겪는 감정.
저는 그 안에서
이미 당신을 사랑하고 있었습니다.
아무런 대화도 없었지만
모든 것이 시작된 순간이었습니다.

사람들은 말합니다.
영원은 존재하지 않는다고.
하지만 저는 압니다.

어떤 영원은,
한순간에 시작된다는 것을.
그리고 그 순간은
평생 잊혀지지 않는다는 것을.

3. 류광현

사랑의 영원 따뜻한 사랑

사랑의 지속성에 관한 질문은 종종 제기됩니다.
시간이 흐르면서 퇴색되고 기억이 희미해진다는 의견도 있습니다.

그러나 저는 확신합니다.
저희가 교환했던 시선,
서툴지만, 진심이었고,
조용하지만, 깊었던 손끝의 떨림,
이 모든 순간이
시간의 흐름에도 변치 않을 것이라고 믿습니다.

함께한 시간이
계절을 지나
세월을 거듭하여,

언젠가 저희 둘 다
주름진 얼굴로 마주하게 되더라도,
그때에도 저는
당신이 제 전부였던 지금을 기억할 것입니다.

사랑은 결국 사라지는 것이 아니라,
마음에 뿌리내려
영원히 피어나는 꽃과 같다고
저는 굳게 믿고 있습니다.

1. 강대진

영원한 목표

다짐을 매번 하여도
변화가 없는 건
어딘가에서 삐그덕거리는
아슬아슬한 삶의 한 조각
잘못된걸
뒤돌아보고
고쳐줘야 한다

행동을 매번 반복해도
채워지지 않는 건
어딘가에서 새어 나가는
밑 빠진 독에 물 붓는 삶
부족한걸
원인을 알고

재정비해야 한다

우리의 영원한 목표는
지금 당장 이뤄질 순 없어도
계속 지켜나가기 위한
마음 한구석에 뿌린 씨앗

매번 우리 삶에 정답은 없듯
성실한 움직임에
꾸준한 노력
지쳐도 다시 움직일 수 있는
포기하지 않는
희망으로
기본에 충실한 삶이
영원한 목표에
가깝게 갈 수 있다

3. 꿈꾸는 쟁이

영원

영원한 사랑, 영원한 인연,
영원한 사람, 영원한 마음
그 어떤 것에도 영원한 건 없습니다.
그럼에도 불구하고 영원이라는 말은
왜 있을까요?

꼼꼼히 생각해 보니
영원한 게 딱 하나 있습니다.
그것은 바로 영원한 이별입니다.

이별이라는 말만으로도 너무 슬프고 아픈데
왜 굳이 영원한 이별이라고 하는 걸까요

그건 아마도

다시 만나고 싶어도 만날 수 없고
보고 싶어도 볼 수 없기에 그런 거 아닐까요

영원한 건 없다는 말을 믿는 한 사람으로서
이 세상 그 어떠한 것에도,
이 세상 그 누구에게도
영원한 게 없기를 바랍니다.

2. 우주

사랑은 시련과 닮았다

해파리는 심장이 없대
그래서 죽지 않고 영원히 살기도 한대
그런 것도 모르고 영원히 헤엄을 치고 바다를 유영하는 해파리

그런 해파리가 되고 싶었어

바다를 영원히 유영하며 파도에 실려 저 먼 지평선을 건너기도
표면에 실려 하늘을 올려다보며 작열하는 태양을 바라보기도
저 심연 아래로 내려가 바다 깊은 곳을 찾아 안식처를 찾을 수 있을 테니까

그런데 해파리가 될 수 없는 이유가 있었어

심장이 없으면 너를 마음에 품을 수가 없으니까
좋아하는 너를 좋아한다고 말할 수 없을 테니까

근데 내 심장을 내주고 해파리가 되어 바다를 유영하는 거라면
기꺼이 온 바다를 헤엄쳐 다닐 수 있는 해파리가 될게

대신 너는 내 몫까지 오래 살아
그 아름다운 눈으로 모든 만물을 눈에 담아 기억해 줘

2. 정팔이

쓰다

청춘이라 쓰고
영원이라 읽으니

아

소년이여
소녀여

청춘이라 쓰고
영원이라 읽는다

아

아버지여

어머니여

청춘이라 쓰고
영원이라 읽으려 한다

소년
소녀들에게

아버지
어머니에게

3. 정팔이

사랑이

오래전부터
영원이란 말 못 하였다
언제든 변하는 것
그것이 사람이라

근데 오늘 여기
아직은 미약하지만
영원히 머물 거란
그 말은 그 말은

2. 하린

멈추지 않는 시계

모든 것이 변해도
멈추지 않는 시간 속에서의
영원은 한결같다.

허둥대는 나의 삶에 익숙해져
빠져나오지 못하고
생각만 하며 그려낸다.

눈물을 흘려 바라만 봐도
끝을 알 수 없는 시간들을
자연스럽게 흘려보내기만 할 뿐
어떠한 것조차 부숴버리지 못해
슬퍼하고 가슴만 아파한다.

멈추지 않는 시곗바늘처럼
조용히 흘러가며 한순간도
영원한 내 마음을 달래주지 못해
그늘 속에 숨어 빛을 주지 못했다.

조용히 숨죽이며 영원한
나의 시간들을 기다리며
지쳐 쓰러지지 말자고 다짐한다.

2. 이다솔

당신과의 시간

멈추어 버린 시계처럼
이 시간이 오래도록
당신과 함께 머물렀으면 좋겠습니다

조금씩 다가오는 이별의 기척에
두려움보다 먼저
슬픔이 조용히 마음을 적셔옵니다

당신 없는 나날을 상상해 본 적이 없는 난,
이슬비처럼 흐르는 눈물을
그저 하염없이 흘릴 뿐입니다

지금껏 버텨올 수 있었던 건
언제 어디서든

당신이 내 곁에 있어 주었기 때문이죠

그대의 따뜻한 품이 그리운 어느 날,
나는 누구의 어깨에 기대어
당신의 온기를 다시 느낄 수 있을까요

영원이라는 게 없다는 걸 알면서도
있는 것처럼 믿고 싶어집니다

부디 당신만은 내 곁에서
끝이 없는 시간처럼
오래 머물러 주기를 바랍니다

3. 문미영

뭐든지 영원한 건 없다

세상에 뭐든 영원히 지속될 거 같지?
사랑도 우정도 젊음도
하지만 영원한 건 없어
물건도 오래 쓰면 닳고 헤지듯이
사람에게도 유효기간이 있어
사랑을 영원히 약속한 연인과도
이별을 할 수 있고
시절 인연이라고 인연에도 끝이 있고
언제까지나 계속 젊은 건 아니야
영원하지 않다고 실망하거나
아쉬워하지 말았으면 해

3. 권하린

아이스크림

손에 쥔 아이스크림
혀끝에 닿는 순간
세상이 조용해졌네

달콤했고
차가웠고
조금 아프기도 했었네

입 안 가득 퍼진 맛은
조금씩 녹아 사라졌지만

그때 들었던 노래,
햇빛 아래 웃던 얼굴,
손끝에 남은 차가운 감촉

그리고 무엇보다 우리의 우정

모두
아직도 마음 한쪽에서
천천히 녹고 있지만

영원이란
지금은 없지만
언제까지나 느껴지는 것이었네

1. 별이

영원한 삶의 끝

우린 삶이 영원할 것처럼 하루하루 살아가지만 삶은 영원하지 않고 유한하다.
나 또한 그렇게 생각했다. 내가 세상에 처음 눈을 떴을 때 옆에 있었듯 그는 언제나 옆에 있을 줄 알았다.

우린 모두 유한한 삶 속에서 공평한 시간을 부여받고 살아간다고 생각한다.
하루 24시간 1년 365일 그리고 80년 전후의 수명.
그도 남들과 같은 하루를 보내고, 남들과 다름없는 1년을 보내며 그렇게 44년을 지내던 어느 날 그의 생명의 초침은 이전보다 남들보다 2배 아니 3배 빠르게 흐르기 시작했다.
그에게 병이 찾아왔다.
백혈병.

나는 고작 초등학교 2학년이었다. 지금은 죽음이 무엇보다 무섭지만 아마 그때의 나는 죽음이 그리 두렵지 않았을 것이다. 고작 여덟 살짜리가 죽음에 대해 뭘 알았겠다.

나는 그에게 찾아온 병이 고치기 힘든 병이란 건 인지하고 있었다. 아니 죽을병 이란 걸 알고 있었.

그러면서도 그는 내 옆에 영원히 있을 거란 바보 같은 생각을 같이하며 살아갔다.

그는 나의 아빠니까.

그는 10년의 투병 생활을 했다. 중간중간 큰 위기도 있었다.

어느 순간부터 비장이 부풀어 올라 배가 불뚝해지기 시작했고 너무 커져서 배를 가르고 비장을 도려냈다. 그리고 그의 배에는 아주 큰 흉터가 남았다.

그 후로는 2주에 한 번 수혈을 받으며 살아갔고, 종종 컨디션이 나빠지면 입원하기도 하며 10년을 이겨냈다. 아무리 아파 보여도 그렇게 내 옆에 있었다. 그는 나의 아빠니까.

그러던 고등학교 3학년 어느 날 타지에서 학교 다니던 나를 급하게 삼촌이 데리러 왔다. 아빠 상태가 많이 안 좋다며 말이다. 삼촌과 함께 3시간을 달려 집으로 가는 동안 난 별생각이 없었다. 그는 항상 아팠었고 항상 이겨냈고 그게 익숙했으니까.

하지만 집에 도착해서 본 그의 모습은 여전히 날 아프게 한다. 그는 의식이 없는 듯 바닥에 쓰러져 있었다. 나는 그를 번쩍 들고 차로 달려가 병원에 가고 싶었지만 나는 그를 번쩍 들지 못했다. 힘겹게 그를 들고 천천히 차로 걸어갔다. 그때처럼 내가 한심하고 비참한 적은 없는 거 같다. 그런 기분, 감정은 다신 느끼고 싶지 않다.

그렇게 그는 며칠 더 숨만 쉬며 내 옆에 있었던 거 같다. 영원히 있을 거처럼 했던 그의 심장은 멈추고 내게서 떠나갔다.

그가 떠나고 어느덧 15년이 더 지났다.
내가 가끔 떠올리는 그의 모습은 그가 맞는지 의심이 들기 시작한다.
조금씩 흐려지는 그의 모습에 스스로 한 번씩 자책하

곤 한다.

모든 게 흐려진 것은 아니다. 또렷한 그와의 추억들이 머릿속에 남아 있기도 하다.

어릴 적 형과 나를 양쪽 어깨 위에 올려두고 걸어가던 그때.
영화관에서 함께 봤던 영화들. 여기저기 함께 다닌 여행들. 혼나고 힘들었던 기억은 점점 지워지고 행복했던 함께 웃었던 기억만 스스로 머릿속에 남겨두는 것 같다.
기억이란 추억이란 그런 것 같다.
시간이 지남으로써 당시에 불행도 행복이 될 수 있는 그런 거 같다.

내 곁에서 영원할 것 같던 그의 삶은 일찍이 끝이 났다. 하지만 여전히 내 마음속에서 그는 존재한다. 아마도 내 삶이 다 할 때까지 영원할 것이다.
그는 내 삶의 끝까지 나와 함께일 것이다.
그는 나의 아빠니까.

영원할 것 같은 삶의 끝은 언젠가 찾아온다. 생각보다 빨라질 수도

그러니 나는 오늘 더 행복 하려 한다. 내가 사랑하는 사람들이 오늘 더 행복하길 소망한다.
이 글을 읽은 모든 이가 오늘 더 행복하고 잠자리에 누워 평안한 밤을 보내길 소망한다.
그리고 우리의 삶이 영원하길 영원히 행복하길 끝이 있다는 걸 알지만 영원을 바랄 만큼 행복하길 소망한다.

1. 솔바람

굳은 마음의 영원

사람만이 세월을 타는 게 아니듯이
물건도 의미도 빛바래 간다.

시간 앞에서는 한낮의 기억이 무너져 내리고
마음은 서서히 녹아내린다.

변함없는 게 어찌나 어려운 일인지 요즘 새삼 실감한다.
가끔은 나에 대한 변화가 세상에 의해 만들어졌다고
생각할 때가 있었다.
그러나 그것은 옳은 변함이 아니었다는 것을 깨달았다.

삶에 내힌 영원은 많이 꿈꾸면서도 마음에 대한 영원
을 꿈꾸는 자는 상대적으로 적다.

마음에 대한 영원은 나무와 같다.
열 번 찍어 안 넘어가는 나무 없다지만 그 열 번을 견디고도 안 넘어간다면
그것이 굳은 마음의 영원이다.

굳은 마음이 언젠가는 깨질지도 모른다.
다만 깨지더라도 자신이 목표를 이루고 깨지기를 바란다.

영원하지 않은 것도 결국 기억 속에서 영원히 남는다.

2. 김준

에세이 -「영원이라는 착각」

"영원은 없다고 믿지만, 우리는 언제나 영원을 원한다."

나는 어린 시절에 자주 이런 생각을 했다.
"지금 이 순간이 영원했으면 좋겠다."
친구들과 뛰놀다 해가 질 때면, 시간이 멈췄으면 하고 빌었다.
하지만 해는 어김없이 졌고, 놀이는 끝났다.

어른이 된 지금도 똑같다.
사랑이 시작되면 영원을 약속하고,
헤어질 땐 영원히 기억하겠다고 다짐한다.
그런데도 결국은, 흐릿해진다.
사람의 기억도 감정도, 변하는 게 당연한데
우리는 왜 그렇게 '영원'이라는 말을 쉽게 쓰는 걸까?

'영원'은 사실 믿음이다.
현실에서 존재하지 않는 시간.
그럼에도 불구하고 우리가 영원을 말하는 이유는
바로 사라짐이 두렵기 때문이다.
그게 사랑이든 관계든 젊음이든,
사라짐을 받아들이기보다는, 붙잡고 싶어 한다.

나는 이제 안다.
영원이란 존재하는 것이 아니라,
우리가 존재하게 만들고 싶어 하는 감정이라는 것을.
다만, 우리가 진짜 붙잡아야 할 건
영원이 아니라, 지금 이 순간의 진심이라는 걸.

그래서 나는 오늘도,
지나간 것을 미화하기보다
이 순간의 따뜻함을 소중히 안고 살기로 한다.
그게 내가 찾은 '영원을 사랑하는 방법'이다.

3. 김준

단편소설 - 「그날 이후에도」

그날은 아무 예고도 없이 찾아왔다.
그녀는 항상 그랬다. 예상할 수 없는 순간에 내 삶에 들어왔고,
똑같이 예고 없이 떠났다.

"잘 지내."
그게 마지막이었다.
짧은 메시지, 아무 표정도 없는 말.
나는 그 말을 되새기느라 몇 날 며칠을 헤맸다.

그녀가 떠난 뒤, 방 안엔 여전히 그녀의 흔적이 남아 있었다.
컵에 묻은 립스틱 자국, 책장에 꽂힌 그녀의 시집,
그리고 화장대 위에 놓인 향수 한 병.

모든 것이 그녀를 기억하게 만들었지만,
그녀는 어디에도 없었다.

시간이 지나면 괜찮아진다고들 했다.
사람은 망각의 동물이라고, 결국은 다 흐려진다고.
하지만 이상했다.
계절은 바뀌었고, 사람들은 변했는데도
그녀에 대한 기억만은 선명해졌다.

나는 매년 같은 날, 같은 벤치에 앉았다.
그녀와 처음 마주 앉았던 그 벤치.
카페 라떼를 마시며, 그녀는 말했다.
"이 벤치에 앉으면 시간이 멈춘 것 같아."

그녀가 떠난 지 몇 해가 지났고,
나는 여전히 그 벤치에 앉아 그녀가 남긴 빈자리를
바라본다.
혹시라도, 언젠가, 다시 돌아올까 봐.
아니, 어쩌면 이미 돌아온 건지도 모르겠다.
내 기억 속에서, 내 감정 안에서

그녀는 여전히 살아 있으니까.

그녀는 더 이상 나의 삶에 없지만,
그녀와 나눈 시간은 내 안에 '영원'으로 남아 있다.
그것이면 충분하다.
그날 이후에도, 나는 그녀를 살아낸다.

2. 박혜령

영원도 이월이 되나요

연.

우리의 연은 참으로 애달팠지요.
당신에게도, 나에게도.
분명, 그랬습니다.

허나, 나는 다음번에도 그대를 만나
그대를 또다시 애달프게 사랑하게 될 테지요.

영원한 사랑은 없다지만,
영원한 이별도 없는 법이니까요.

세기를 건너, 우리의 연이 더는 눈물겹지 않게 되는
그 어느 날에, 나는 한 번 더 말하겠습니다.

당신, 나의 영원이 되어 달라고.
나의 영원이 됨을 허락하여 줄 수 있겠느냐고.

그리하면 그대는 다시금 나에게로 오세요.
여름처럼 오세요.

1. 김현아

아이리스 동아리

고등학교 첫날 유원과 청윤이는 같은 반 짝으로 만났다. 둘은 어색하지도 그렇다고 막 친하지도 않은 정말 그저 짝인 관계였다. 그 일이 있기 전까지는. 평소와 똑같은 날이었다. 유원과 청윤이는 석식을 먹고 야자를 하고 있었다. 그날따라 비가 와서 그런지 같은 반 아이들은 먼저 집에 갔었고 반에는 유원과 청윤. 둘 뿐이었다. 창밖으로는 비가 추적추적 내리고 두 사람이 아무 말 없이 공부하기를 몇 시간. 경비아저씨는 둘이 반에 있는지 모르고 학교 문을 잠근 채 퇴근하였다. 1시간 뒤 시간을 확인한 유원은 너무 늦었다는 걸 깨닫고 짐을 챙겨 집에 갈 준비를 하였다. 그 소리를 들은 청윤이도 짐을 싸고 반을 나섰다. 반은 잠겨 있었지만, 선생님께 여분 열쇠를 받았던 유원이 문을 열고 반을 나섰다. 두 사람은 아무도 없는 복도를 나란히 걸었다.

공부할 때는 몰랐지만 나란히 걷고 있으니 청윤이는 어색함을 느껴 유원이에게 먼저 말을 걸었다.
"너는 왜 이렇게 늦게까지 학교에 있던 거야?"
"오늘 학원도 없고 집에 가면 아무도 없어서,"
그런 식의 대화를 몇 번 더 나눈 두 사람은 말문을 트고 즐겁게 대화하며 복도를 걸었다. 대화에만 너무 집중했던 탓일까? 순간 주위를 둘러본 유원은 뭔가 이상하다는 것을 깨달았다. 처음 와본 복도였다. 주위에는 창문이 없었고 교실도 없었다. 심지어 휴대전화도 사용할 수 없는 곳이었다. 주위를 계속해서 둘러보고 당황한 표정을 짓는 유원을 본 청윤이도 주위를 둘러보았다.
"유원아, 여기 어디인지 알아?"
"모르겠어, 나도 처음 와보는 것 같아. 아니 애초에 학교에 이런 공간이 있었나?"
그때 저 멀리 교실 하나가 보였다. 유원과 청윤이는 약속이라도 한 듯이 그곳으로 뛰어갔다. 유원은 청윤의 손을 잡은 채.

아이리스 동아리. 듣도보도 못한 이름이었다. 그런데

묘한 이끌림이 유원과 청윤이를 감쌌고 두 사람은 문 사이로 새어 나오는 빛에 의지하며 문을 열었다. 문을 열자 동아리방 내부는 놀라웠다. 따뜻해 보이는 카펫, 흔들의자 두어 개, 책장에 꽂혀 있는 여러 개의 책까지. 어딘가 모르게 마음이 편해지는 분위기였다.
"너희 여기 어떻게 찾아왔니?"
그제야 4명의 선배들이 눈에 들어왔다. 눈치 빠른 유원은 선배들의 명찰 색을 보고 3학년 선배라는 것을 알았다. 선배들의 이름은 각각 라온, 예은, 지훈, 나연이였다. 선배들의 이름을 보고 있던 유원을 대신에 청윤이가 답하였다.
"저희 늦게까지 야자 하다가 집 가는 길에 길을 잃어 버려서요."
청윤이의 말에 선배들은 갑자기 모여 자기들끼리 얘기하기 시작했다. 자세히 들어보니. 이런 내용이었다.
"쟤네가 여기를 왔다는 거는 신입생을 받을 때가 온 거지 않을까?" "우리 동아리 설명해 주자" "들어오게 하자 우리 졸업하면 그대로 동아리 없어질 수도 있어"
기나긴 선배들의 이야기가 끝이 나고 두 사람은 동아리에 관한 설명을 들었다. 이곳은 시간이 흐르지 않는 곳에 있는 아이리스 동아리이고 쉽게 말해 영원한 시간 속에 있는 동아리라는 것이라는 말이었다. 이곳에 올 수 있는 사람은 정해진 사람뿐이고 이 동아리는 외부에 알리면 안 된다는 내용이었다. 그리고 나서 선배들은 동아리에 들어올 것이냐고 물었고 호기심이 많은 유원은 바로 들어오겠다고 했다. 유원이 들어온 다는 말을 들은 청윤도 들어오겠다고 했다.

"좋은 선택이야! 그럼 이제 우리 동아리 규칙을 알려 줄게. 몇 가지 없어 지킬 수 있을 거야. 근데 2번에서 탈락하는 아이들이 많거든 꼭 됐으면 좋겠다." 라온이라는 선배가 얘기했다.

1. 오늘처럼 월요일, 수요일에는 늦게까지 야자나 다른 핑계로 학교에 있어야 한다.
2. 이름에 ㅇ이 들어가야 한다.
3. 아무에게도 이 동아리를 얘기해서는 안 된다.

이야기가 끝나자마자 선배는 이름에 ㅇ이 들어가는지 물었고 유원과 청윤은 들어간다고 하였다. 그에 선배는 기뻐하며 두 사람을 동아리 회원으로 들였다. 그렇게 동아리 첫날은 끝났다.

몇 주 뒤 그야말로 동아리에서의 시간은 최고였다. 시간이 흐르지 않는 신기한 곳에 있을 수 있었고 무서웠던 선배들과 편하게 이야기하며 유원과 청윤이는 더 친해질 수 있었다. 가끔 선배들이 유원과 청윤을 엮으며 짓궂은 장난도 쳤지만. 그러던 어느 날 유원이는 선배들에게 동아리의 뜻이 뭐냐고 물었다. 그중 나연이라는 선배가 친절하게 알려주었다.
"우리 동아리 이름이 아이리스 동아리잖아 여기서 아이리스의 뜻이 영원이야. 우리 동아리는 이곳에 들어오는 순간 시간이 멈추거든. 그래서 아이리스 동아리야. 영원 동아리!"
그 말을 들은 유원은 신기하다고 했고 옆에 앉아 있던 청윤은 한가지 결심하였다.

그렇게 1년 뒤 선배들은 모두 졸업하였고 동아리방에는 유원과 청윤만 남게 되었다. 그간의 여러 대화와 일들로 유원과 청윤은 더 친해졌고 마음 한편에는 새로운 감정이 모락모락 피어나고 있었다. 누가 먼저 그 감정이 생겨났고 누가 먼저 영원을 꿈꾸었을까? 청윤은 아이리스꽃 한 묶음을 준비했고 영원은 용기를 분비했다.

다음 주 월요일. 동아리방에는 묘한 기류가 흘렀다. 끝내 청윤이 먼저 말을 건넸다.

"우리 오늘 왜 이렇게 말수가 적지?"

"그러게, 웬일이래"

두 사람은 동시에 한숨을 쉬었고 그때 청윤이가 자신의 뒤에 감추고 있던 아이리스꽃을 유원에게 내밀었고 고백하였다.

"유원아, 난 사실 영원이라는 것을 믿지 않았어. 근데 너와 이곳에 온 이후로 영원을 믿게 되었고 내 인생 하루하루가 달라졌어. 내가 너와의 영원을 생각해도 될까?"

1년 뒤. 갓 입학한 태우와 나희는 입학식 날 옆자리에 서서 말 몇 마디 주고받다가 친해진 사이였다. 그날은 나희가 태우에게 학교에 문제집을 놓고 갔다며 같이 가달라며 애원했고 그렇게 달이 환하게 뜬 한밤중에 두 사람은 학교로 갔고 반에서 문제집을 갖고 나왔다.

두 사람은 복도를 걷는데 어느 순간 길을 잃어버렸고 그때 태우가 불이 켜진 교무실을 찾았다. 두 사람은 교무실 문을 열었지만, 그곳은 교무실이 아니었고 그곳에는 3학년인 두 선배가 있었다. 두 사람은 태우와 나희를 보자마자 서로를 보며 웃었고 두 사람의 뒤에는 아이리스꽃 한 다발이 꽃병에 예쁘게 꽂혀 있었다.

2. 오성민

청춘의 나이테

나이테를 세다 멈춘 자리
닳아간 손끝이 머문 곳이
청춘이라면

햇빛이 번역되지 않는 시간을 지난다
살을 미는 속도로 자란 하루 속
손목의 맥이 푸르게 부풀 때
그건 첫 잎이었다,

뿌리가 길을 잃어 돌을 감싸는 동안
나는 이름 모를 사랑을 껴안았다
스친 바람에 흔들림이 가지를 낸다
그건 젊음,

새가 먼저 물들어가는 저녁
산고의 가려움이 뜨거운 피에 젖어
달아오른 몸마다 불이 스민다
그건 의미 혹은
아직 불리지 못한,

그럼, 비어버린 가지 끝
다음 숲의 심박을 기다리는
그 침묵조차
누군가에겐 청춘이라,

끝이 있기에 오만하고
아름다운 사계절의 모순은
서로의 껍질을 스치며
다시 첫 빛을 돋운다

영원이라는 이름, 그 꿈으로

1. 민해월

우리가 영원을 약속했던 그 바다에서

영원함이란 건 정말 있을까.
영원할 줄만 알았던 우리도 이렇게 되어버렸는데.

우리가 함께한 시간이 너무 길어서일까.
공허함이 매일 찾아오고,
그보다 더 나를 무너뜨리는 건
너와 닿을 수 없다는 사실이다.

그게 나를 지옥에 던진다.
하지만 너만을 갈구하며
그 속에 영원히 갇혀 살게 될까 봐
조금은 두렵다.

너는 나를 잊는다 해도,
너의 태양 같은 웃음은

내 안에 짙은 흉터로 남아
평생 사라지지 않을 것이다.

그 흉터를 볼 때마다
나는 너를 떠올리겠지.

너는 내게 구원 같은 사람이었다.
밑바닥이었던 나에게 사랑을 가르쳐주고,
심지어 나를 사랑해 주었다.

이제는 돌아갈 수 없는 기억이 되어버린 게
왜 이렇게 아픈 걸까.

너에겐 그 기억이
앞으로 나아가는 디딤돌이 되겠지만,
나에겐 영원함의 굴레로
나를 가두는 쇠사슬일 뿐이다.

있잖아, 나
너랑 갔던 바다에 다녀왔어.

그땐 너만 바라보느라 몰랐는데
바다가 달빛에 비쳐
그토록 아름답게 빛나더라.

그 사실이
왜 이렇게 슬프게 다가오는 걸까.

나는 평생 알 수 없을 것만 같은데
너는 답을 알고 있을까.
나도 이젠 모르겠다

너를 놓고 싶지 않아.
하지만 괴로워하고 싶지도 않아.

다만 이것만큼은 너의 눈을 바라보며
확실히 말할 수 있다.
나는 네 생각보다
너를 훨씬 많이 사랑하고 있다는걸.

이렇게 될 줄 알았다면
더 많이 안아줄걸.
더 오래 곁에 있을걸.
아무리 바빠도 틈이라도 내서
네 얼굴 한 번 더 볼 걸.

너에게 연락하면
나만 너를 원할까 봐
도저히 용기가 나지 않는다.

...구차하게 네 옷자락이라도 잡으면
돌아봐 줄까.

나 좀 바라봐 줘.
제발 나 좀 다시 사랑해 줘.

이젠 바다에 가는 게 습관이 됐다.
내 기억 속의 너는
바다에 있을 때마다 행복해 보였으니까.

그래서 바다에 가면
조금이라도 널 느낄 수 있다.

파도치는 소리,
모래의 촉감이 다 너 같다.
막 안아주고 싶어.

언제 다시 너를 만나게 될진 모르지만
기다릴게.

아무리 괴로워도 포기하지 않을게.
그러니까 언제든 돌아와 줘.
나와 눈을 맞추고
사랑한다고 말해줘

바다에서 기다릴게.
우리가 영원을 약속했던 그 바다에서.

2. 민해월

영원한 봄

저는 묻습니다.
이 세상에서 당신께
제 마음은 스쳐 간 적은 있나요.
제 마음은 어떤 가치를 지니고 있나요.
제 마음은 당신께 무엇인가요.
당신을 처음 봤을 때부터
온 세상이 당신으로
가득 차버려서
저의 절절한 구애를 바라봐주세요.
나를 가엾게 여기고
불쌍히 여겨주세요.
어떤 방식으로든 당신이 봐준다면
그것만으로도 저는 영원한 봄을
꿈꿀 수 있을 테니까요.

2. 해원[전갈마녀]

영원할 줄 알았네

화분 속
작은 꽃 한 송이조차
피워내지 못했던 나
너 하나만은
마음 한가득 피워냈네
계절 따윈 없었네
영원한 줄 알았네

영원 따윈 없었나
바람 따라
별 따라 가버렸나
눈물이 머물고
그리움은 맺히고
여전히 너는 내 안에 피어 있고

3. 해원[전갈마녀]

영원일 줄 몰랐네

너를 만나
너의 눈빛 하나에도
햇살 부서지듯
반짝이던 내 마음
영원이길 바랐네

너를 보내고
마른 화분 속 시든 꽃잎
하염없이 고개 떨구듯
쓸쓸한 내 마음
영원일 줄 몰랐네

흐르는 세월 속
너를 향해

불어 가는 내 그리움
야속하게도,
영원으로 남겠네.

2. 루시아(혜린)

영원

영원은 단어로만 존재한다.
모든 것은 다시 자라나도 다시 시든다.
영원은 존재할 수 없는 말이라는 걸
이미 인지하고 있었다.

그럼에도 영원의 존재를 믿고 싶을 때가 있다.
그래서 영원이란 단어를
자꾸만 누군가에게 붙여주고 싶다.

2. 남가연

청춘을 빛나게 하는 단어

우리의 청춘을 빛나게 하는
단어는 바로 영원이다

우리의 청춘은 영원하지 못하지만
영원할 것 같다는 착각을 할 만큼 아름답다

그래서 우리가 영원을 약속했었나 보다
우리가 함께하는 청춘이 너무 아름다워서

영원이 없다는 것을 깨달은 지금의 나는
영원을 약속했던 우리를 후회하진 않는다
그때만큼은 정말이지 누구보다 빛났으니까

3. 남가연

영원이란 약속

우린 영원이 없는걸 알면서도
청춘을 보내고 있는 우리는 때론 영원을 약속하곤 한다

영원을 약속하는
그 순간은 어느 때보다 빛나니 간

그래서 우리가 영원을
약속할 수 있었나 보다

그 시절이 너무 아름다워서
그 시절이 너무 빛나서

그렇지만 결국엔 영원이란 건 없으니 간
있을 수 없으니 간
우린 평생을 약속하자

3. 동네과학쌤

영원의 형태들

영원불변하다는 말이 있다. 그렇다면 영원은 어떤 모양일까? 초등학교 2학년, 수학 시간이었다. 선생님이 컴퍼스 사용법을 가르쳐주었다. 바늘을 꽂고, 연필을 잡고, 천천히 돌리면 완벽한 원이 그어진다. 그러나 컴퍼스 없이 원을 그리려 하면 늘 실패가 뒤따랐다. 손목은 떨리고, 선은 삐뚤어지고, 시작점과 끝점은 끝내 만나지 못했다. 완벽한 원이란 도구의 힘을 빌려야만 가능한 기적이었다.

지금 아이들과 함께 원을 그릴 때 나는 이렇게 말한다. "완벽한 원을 그리려 하지 마라. 네 손이 가는 대로 그어보렴." 삐뚤삐뚤한 원들이 종이 위에 생겨난다. 그런데 그 불완전한 원들이 오히려 살아 숨 쉬는 듯 보인다. 완벽함 속에는 없던 떨림과 온기가 거기에 있다.

원은 분명 영원의 가장 완벽한 초상이다. 파르메니데

스가 꿈꾸었던 '있는 것'의 완전성. 시작도 끝도 없이 이어지는 무한한 선. 하지만 이런 원의 영원은 죽어있다. 유리관 속 표본처럼 완전하되 생명이 없다. 생각해 보라. 시계가 둥근 것은 우연이 아니다. 12시에서 12시로 돌아오는 그 무한 반복이야말로 우리가 영원이라고 믿고 싶어 하는 환상의 정체다. 하지만 그것은 영원이 아니라 감옥이다. 시간의 감옥.

그렇다면 진정한 영원의 형태는 무엇일까? 나는 매일 아침 일어나 커피를 내리고, 출근하고, 아이들을 가르치고, 집에 돌아와 글을 쓴다. 겉으로는 똑같은 반복이지만, 실제로는 조금씩 달라진다. 어제의 나와 오늘의 나는 미묘하게 다른 높이에서 같은 궤도를 돈다. 나선이다. 나선 계단을 올라본 적이 있는가? 같은 방향으로 돌지만 계속해서 높아진다. 익숙한 패턴 속에서 조금씩 성장하는 것. 하지만 여기서 헤라클레이토스의 역설이 시작된다. "같은 강물에 두 번 발을 담글 수 없다"고 했지만, 그렇다면 우리는 어떻게 같은 강이라고 인식할 수 있는가? 변화 속에서 지속하는 것, 그것이 로고스다. 나선은 이 로고스의 기하학적 형태다.

작년에 한 학생이 물었다. "선생님, 매년 같은 교과서로 같은 수업을 하시면서 지겹지 않으세요?" 순간 나는 웃었다. 그 아이는 모르고 있었다. 같은 텍스트를 가르치지만, 매년 다른 아이들과 만나고, 매년 다른 질문을 받고, 매년 조금 다른 내가 되어 있다는 것을. 교육이란 나선의 원리로 작동하는 것이었다. 그런데 나선에도 함정이 있다. 위로만 올라간다는 서구적 진보 신화. 더 높이, 더 멀리, 더 빠르게. 하지만 누가 위가 아래보다 좋다고 했는가?

뫼비우스 띠를 처음 만든 것은 중학교 과학 시간이었다. 종이띠 한쪽을 비틀어 붙였더니 신기한 일이 벌어졌다. 한 면에서 선을 긋기 시작했는데 어느새 반대편 면에 그어지고 있었다. 끝까지 그으면 원점으로 돌아온다. 하지만 그 사이 모든 것이 뒤바뀌어 있다. 몇 년 전 아버지가 뇌출혈로 쓰러지셨을 때, 나는 계속해서 아버지를 생각했다. 추억을 따라 걷다 보니 어느새 아버지의 시각에서 나를 바라보고 있었다. 자식을 걱정하는 아버지의 마음으로 나 자신을 돌보고 있었다. 아들에서 시작해 아버지가 되어 돌아온 것이다. 사랑한다는 것은 그 사람이 되어가는 과정이기도 하다. 이것이 뫼비우스 띠의 신비다.

사랑의 형태도 끊임없이 변신한다. 할머니의 사랑은 어릴 때는 따뜻한 밥 한 그릇이었고, 학창 시절에는 용돈 몇 천원이었고, 어른이 되어서는 걱정 어린 전화 한 통이었다. 형태는 바뀌었지만 사랑은 계속되었다. 아니, 바뀌었기 때문에 계속될 수 있었다. 이것이야말로 진정한 뫼비우스 띠가 아닐까. 표면이 바뀌어도 본질은 이어지는 것.

때로는 영원이 견고한 각진 형태로 나타나기도 한다. 한옥의 정사각형 구조를 생각해 보자. 동서남북의 완벽한 균형. 마당을 중심으로 배치된 방들. 수백 년을 견뎌온 그 안정감. 하지만 이 안정감을 주던 정사각형을 45도만 돌려보라. 다이아몬드가 된다. 같은 형태가 관점에 따라 안정에서 역동으로 돌변한다. 여기서 깨달은 것이 있다. 영원이란 것 자체가 관점의 문제라는 것이다.

하지만 이 모든 형태들, 이 모든 영원의 가면들이 과연 진짜일까? 어쩌면 우리는 변하지 않는 것을 찾으려 하지만, 진정한 영원은 우리가 찾고 있는 바로 그 순간에 이미 사라지고 있는 것은 아닐까. 템플스테이에서 보낸 하룻밤이 있었다. 새벽 4시, 목탁 소리에 잠에서 깨어 법당으로 향했다. 스님이 반야심경을 독송하는 소리가 고요한 새벽 공기를 가르고 있었다. "색즉시공 공즉시색." 내가 지금까지 찾고 있던 영원의 형태들 역시 모두 생겨났다 사라질 것들이다.

각원사에서 만난 한 스님이 마당을 쓸며 말씀하셨다. "이 낙엽들을 보라. 떨어지는 것을 슬퍼하지 않고, 쌓이는 것을 기뻐하지도 않는다. 그저 떨어질 뿐이다." 바람이 불면 흩어지고, 비가 오면 썩어서 흙이 되는 낙엽들. 그들에게는 영원의 형태 따위가 필요 없었다. 선불교의 화두 하나가 떠오른다. "뜰 앞의 잣나무." 조주 스님이 제자에게 던진 말이다. "달마가 서쪽에서 온 뜻이 무엇입니까?"라는 질문에 그냥 "뜰 앞의 잣나무"라고 답했다. 거기에는 영원도, 무상도, 형태도, 공도 없다. 그저 있는 그대로의 잣나무가 있을 뿐이다.

하지만 그 잣나무 역시 봄에는 새싹을 틔우고, 여름에는 무성해지고, 가을에는 열매를 맺고, 겨울에도 푸름을 잃지 않는다. 계절마다 다른 모습을 보여주면서도 여전히 잣나무로 남아있는 것. 변화 자체가 그것의 정체성인 것. 이것이야말로 진정한 영원의 형태가 아닐까.

석양이 지는 바닷가에서 어머니와 함께 모래성을 쌓던 날. 파도가 밀려와 성을 무너뜨릴 때마다 어머니는 웃으셨다. "또 쌓으면 되지 뭐." 그때 나는 몰랐다. 어머니가 웃은 것은 체념이 아니었다는 것을. 그것은 무상을 받아들이는 것의 기쁨이었다는 것을. 영원하지 않기 때문에 완전할 수 있다는 역설적 깨달음이었다는 것을.

결국 영원의 형태란 형태가 없음일지도 모른다. 바람에 흩어지는 민들레 홀씨처럼, 우리의 모든 형태들도 언젠가는 흩어질 것이다. 하지만 지금 이 순간만큼은 완전하다. 영원하지 않기 때문에 완전하다. 그리고 그 홀씨들은 다시 어디선가 새로운 꽃을 피울 것이다. 같은 꽃이 아닌, 전혀 다른 꽃을. 하지만 여전히 꽃인 것을. 어쩌면 이것이야말로 영원의 진짜 모습인지도 모른다. 끊임없이 변화하면서도 결코 사라지지 않는 것. 사라짐으로써 영원해지는 것.

2. 신은서

사랑과 늑골

그대여, 이 사랑을 늑골에 맹세해요
붉은 심장 사라져도 백골은 남을 테니

생(生)은 나비 되어 날아갈지라도
이 자리에 누운 뼈는 영영 남으리오

남아서 전하리오
매 순간이 꽃이었음을

1. 온율

우린 꿈속에서 영원을 이뤄

영원이란 건 없다지만
난 영원을 믿어
너와 함께라면 뭐든 해낼 것 같거든

우린 영원을 꿈꿔
꿈은 꿀 수 있는 거잖아?

꿈에서라도 만들어서 간직하고 싶어
우리의 영겁의 시간을

상자에 꾹꾹 눌러 담고 싶어
그걸 나무 밑에 묻고
시간의 이정표를 세우고 싶어

철 지난 어린 꿈같아
이제는 꿈꿀 수 없는
이제는 꿈꾸면 안 되는

그래도 난 끝까지 꿈꿀 거야

그리고 우린 새벽을 달릴 거야
그리고 우린 영원을 이룰 거야

2. 온율

영원으로 돌아가는 법

유한한 삶을 살아가는 우리는 어쩌면 영원으로 돌아가는 방법을 잊은 듯하다.

지금도 벤치에 앉아서 이 글을 쓰는 나도 어쩌면 영영 영원으로 돌아가지 못할 것 같다.

아직 나의 영원은 익지 않았으며, 나의 영원은 아직 푸른 색을 띠고 있다.

붉게 익은 영원은 너무 달콤해서 다시 현세로 돌아올 수 없다.

영원은 너무나도 간절해서,

영원은 너무나도 간결해서,

그 간절함에는 우리가 견딜 수 없는 애절함이 있어서,

그 간결함에는 우리는 견딜 수 없는 깔끔함이 있어서,

우리는 영원으로 절대 돌아갈 수 없을 것이다.

우린 영원에 대해서 잊었다.

우린 영원에 본질을 잊었다.

2. 조현민

세상에는 영원한 것이 없다

우리는 종종 영원을 꿈꾼다. 사랑이 영원하길 젊음이 영원하길 지금의 행복이 끝나지 않기를 바란다. 그러나 시간이 흘러갈수록 깨닫게 된다. 세상에는 영원한 것이 없다는 사실을

한때는 영원할 것 같았던 우정도 서로의 삶의 방향이 달라지면 멀어지고 아무리 뜨겁던 사랑도 사소한 오해와 다툼 속에서 흔들리곤 한다. 젊음도 어느 순간 노쇠함으로 바뀌고 눈부신 계절도 언젠가는 지나간다.

그렇다고 해서 모든 것이 허무한 것은 아니다. 오히려 영원하지 않기 때문에 소중하다. 끝이 있다는 사실이 우리를 더 진실하게 만들고 지금을 붙잡게 한다. 만약 모든 것이 영원하다면 우리는 감사하지도 애틋해하지도 않을 것이다.

세상에 영원한 것은 없다. 그러나 그 부재 속에서 우

리는 순간을 영원처럼 품는다. 사랑할 때는 전심으로 사랑하고 만날 때는 온전히 마주하며 떠나야 할 때는 아름답게 보내는 것 그것이 영원하지 않은 세상을 살아가는 우리의 방법일 것이다.

1. 신정현

겨울 아침

눈이 온다
창밖에 눈이 온다

작은 유리창에 입김을 불어 넣어
희끄무레하게 흐려지는 세상을 본다

그 속에서 누군가 걸어온다

발자국이 눈밭 위로
하나... 둘...
찍힌다

곧 지워질 것들이다
그러나 지금은 선명하다

눈이 계속 내린다
조용히 온다

모든 것을 하얗게 덮으면서

시간도... 영원도...
같은 색이 되어간다

1. 박경민

별과 별똥별

나는 어두운 하늘에서 오래 자리를 지키는 별보다
1초도 못 참고 움직이는 별똥별에 관심을 가진다
소원을 빌고 나면 별똥별은 차게 식을 텐데
우리는 허황된 꿈을 빌기 위해 발버둥 친다

별똥별이 지나간 자리를 몇 번이나 되새기고
남겨진 별의 잔상만 밤하늘에 애써 그려대다
그 옆에 드리운 북두칠성을 결국 보지 못하고
밤의 끝자락에 다다르자 여명이 밝아온다

그래도 괜찮아 그 별은 내일도, 모레도, 어쩌면 일 년 뒤에도
움직이지 않은 채 그 자리에 있을 거니까

지구의 둘레를 크게 경유하던 별은
오늘도 영원에 속아, 죽지도 못하고 밤하늘에 걸려 있다.

2. 사랑

모순

영원이란 과연 무엇일까. 나는 이 질문에 대해 대답할 수 없다. 영원이라는 것은 이루어질 수 없지만 이루고픈 것이며, 안다고 생각하지만, 사실은 알 수 없는 것이다.

영원은 "존재"하지 않지만 어딘가에 "존재"하는 것이다.

어찌 보면 이런 모습이 굉장히 모순적이라고 생각할 수 있다. 하지만, 우리의 삶 속에서 모순적이지 않은 것을 찾는 것이 더 힘들지 않을까? 우리는 모순 속에 살고 있고, 그 속에서 이질감 따위 느끼지 못하고 있다. 영원 또한 그중 하나다. 이질적이고 모순적이지만 원래 그랬다는 것처럼 아무런 의문조차 제시하지 않는다.

이쯤에서 나는 새로운 질문을 하나 던져볼까 한다. 영원은 대체 무엇이길래 사람들이 그리 갈망하는 것일까. 대체 무슨 이유로 '영원'이라는 말에 매달리게 되는 것일까. 만약 누군가가 이 글을 끝까지 읽는다면 이 질문에 대한 대답을 내놓을 수 있었으면 한다. 나도 당장은 답을 내놓을 수 없지만, 시간이 지나고 글에 마침표를 찍을 때면 작은 대답이라도 할 수 있지 않을까?

영원. 사전에서는 '어떤 상태가 끝없이 이어짐. 또는 시간을 초월하여 변하지 않는 것'이라고 이야기 한다. 하지만, 정말 그게 전부일까? 사람들은 사랑하는 상대에게 영원을 약속한다. 또는 커다란 기쁨을 느끼는 순간에도 영원을 기도한다. 부모가 되었을 때는 아이가 크는 모습을 보며 영원을 바라기도 한다. 이처럼 사람들은 제각각 다른 장소, 다른 상황, 다른 시기에 영원을 빌고는 한다. 간혹가다가 '나는 영원을 믿지 않아요.'라고 이야기하는 사람들도 있다. 내 주변만 해도 그런 이들이 종종 있었으니 말이다. 하지만, 영원을 믿지 않는다고 말하는 이들도 영원을 믿고 싶어지는, 영원을 빌게 되는 순간들이 오게 되는 것 같다. 물론, 그게 언제 어디에서일지는 모르지만 말이다.

그렇다면 영원을 기도하는 사람들은 '영원'이라는 것이 정말 존재한다고 믿기에 간절히 바라는 것일까? 아니, 그건 아닐 것이다. 상식적으로 영원이라는 것이 존재했다면 식물이 시들지도 않을 것이고, 사람들이 들고 다니는 휴대전화를 충전할 이유도 없을 것이고, 사람들이 노화로 죽음을 맞이하지도 않았을 것이다. 일상 어느 곳에서든 영원은 존재하지 않는다는 것을 증명하는 듯, 시간의 흐름을 확인할 수 있다. 하지만 그럼에도 간절히 영원을 바라고, 또 기도하게 되는 이유가 뭘까? 다들 알고 있을 것이다. 그저 그 시간이, 상황이 자신의 곁에서 사라지지도, 변하지도 않았으면 하기에, 그러므로 불가능할 것을 알면서도 간절히 바라는 것이겠지.

언제였나. 내가 사랑했던 사람이 내게 그런 말을 한 적이 있다.

"우리 꼭 지금처럼 영원히 사랑하자. 영원히 네 곁에 있을게."

순진했던 나는 그 사랑이 영원할 것이라 믿었고, 그 사람이 내 곁에 쭉 남아있을 것이라 믿었다. 지금 보면 참으로 어리석은 생각이다.

영원한 사랑을 속삭이던 그 사람은 순식간에 돌아섰고, 그 이후로 나는 영원함에 대해 다시 생각하게 되었다. '영원'이라는 단어 하나가 주는 느낌이, 그 단어의 무게가 내 생각보다 훨씬 가볍고 깃털처럼 훅 날아가 버릴 수 있다고.

영원은 그 어떤 것보다 모순과 같다. 영원을 빌고, 기도할 때는 너무도 무거워서 찾을 수 없을 것 같다가도 어느 순간 영원을 약속하지 않게 된다면 너무도 가벼이 느껴진다. 손만 뻗으면 닿을 것처럼 굴다가, 정작 손을 뻗어 닿으려 하면 어느 순간 쌩하니 떠나버리고는 한다. 사실, 그렇기에 사람들이 더 영원을 갈망하는 것은 아닐까? 꼭 조금만 더 다가가면 내 손에 들어올 것 같아서, 한 걸음만 더 다가가면 잡을 수 있을 것 같아서. 그렇기에 신기루처럼 잡지 못할 것을 알면서도 괜히 영원을 입에 담아보는 것은 아닐까.

여기까지 이 글을 읽었다면 그래서 결론이 무엇이냐, 의문을 품을 수 있다. 사실 이 이야기에 결론은 없다. 내가, 이 글을 쓰고자 한 이유는 그저 이 글을 읽을 이들의 머릿속에 하나의 질문을 품게 하는 것이니 말이다. 질문을 떠올리고, 끝없이 그 질문에 대한 답을 찾기 위해 생각을 거듭하는 것. 그것이 내 글의 가장 큰 목적이다.

참 허무하지 않은가. 영원이라는 주제로 구구절절 이야기를 풀어놓고 이제 와서 결론이 없다니. 허무하고, 황당하고, 어이없기도 하겠지. 하지만 나는 결론이 없다고 했지, 내 이야기가 거짓이라고 한 적은 없다. 그러니 이 글의 결론은 내가 아닌, 지금, 이 글을 읽고 있을 당신이 내는 것이다. 앞에 내가 했던 질문을 기억하는가? 영원이 대체 무엇이길래 사람들이 갈망하고 매달리는 것이냐 했었지. 자, 이제 이 글의 결론을 낼 차례다.

당신이 생각하는 영원은 무엇인가?

3. 최이서

숨결의 영원

내 마음의 너라는 별
그 별이 피어나
세상을 밝히듯
오롯이 나를 비추고

빛이 되어준
너의 깊은 미소는
내 영혼의 등불이 되어

영원히 꺼지지 않는 빛
영원히 나와 함께 반짝일 빛

네 눈빛에 모든 세상이 담기고
네 목소리에 나의 시간이 멈춰

너의 작은 숨결까지 온전히 느끼는
서로에게 기댄 빛나는 이 순간

시간마저 멈춘 황홀한 영원

쏟아지는 별빛으로 물든
너라는 이름의 긴 밤

그 밤, 내게 불어오는
단 하나의 숨결 되어

찰나마저 영원인 그 숨

2. 김감귤

영원을 말하다, 그리고 피앙새

영원,
그 단어에 대해서 말해본다면.

지나가는 풍경처럼,
지나치는 광경처럼,
영원할 것 같지만 그렇지 않다.
이 순간도, 지금 풍경도.
이 말들도, 지금지금도.

기차가 지나가듯.
새들이 날아가듯.
물들이 흘러가듯.
바람이 지나가듯.

씹을 때, 상큼했던 풍선껌들처럼.
마실 때, 달달했던 탄산음료처럼.
먹을 때, 달콤했던 초콜릿들처럼.

아름다운 모습들을
아름다운 기억들을
지나가더라도
그 순간을 영원처럼 느끼면
그것이 영원인 것 아닌가?

내 마음속의 영원.
그 피앙새!

3. 이연화

영원의 꽃

그리움 속에 피어난
연꽃 한 송이,
시간을 거슬러
너를 부른다.

잃어버린 순간들 속에서
우리의 기억은
어디쯤 묻혀 있을까.

모든 것이 흘러가도
내 마음 깊은 곳,
너의 자리는
어둠을 비추는 빛으로 남아 있다.

언젠가
모든 게 사라져도
별처럼 반짝이며
잊히지 않으리라.

추억 속에서
피어난 너라는 꽃은
흩날리지 않고
조용히 자라난다.

영원히,
함께할 수 없음도
사랑임을 알기에

오늘도
너를 기다린다.

2. 이상현

끝나지 않는 밤

끝나지 않을 것만 같은
마치 영원처럼 느껴지는
기나긴 어둠 속에 혼자 있었다

얼마나 많은 시간이 더 지나야
눈 부신 햇살을 볼 수 있을까

분명 곧 볼 수 있을 거라는 걸
알고 있었지만 그 순간까지
버틸 수 있을지 자신이 없기에
빨리 이 순간이 끝나기만을
바라고 또 바랐었지만
결코 끝나지 않은 채로 여전히
오늘도 방황하는 밤을 보낸다.

3. 이상현

남아있는 시간

끊어져 버린 시간의 선들을
억지로 이어 붙여 가면서라도
그렇게 지내고 싶었다
짧기만 했던 그 순간들을
영원과 같은 시간으로 붙잡아가며
함께 했으면 하는 마음으로

하지만 그러면 안 되는 것이겠지
되돌아갈 수 없는 채로
말하지 못했던 그 말들을
지난 시간 속에 묻어두고
앞으로도 계속 남아있을
끝이 없을 것만 같은
긴 시간들을 침묵과 함께
살아가야만 하겠지.

2. 윤태연

영원을 믿어?

영원이 흘러가는 밤과
영원히 돌아가는 우주

활자의 춤사위처럼
어두운 하늘을 누비는
구겨진 직선들의 미끄러짐

시간이 멈추면
영원이 시작될까

움직이는 모든 것들이
숨죽여 정지한다면

영원이 수놓은 그 모든 것들을

만질 수 있을까

닿을 수 있을까

필멸의 인간이
불멸의 영원을
동경한다는 건
어떤 의미일까

너의 영원과 영원은 다르다

어김없이 별이 떨어진다

너의 그 다정한 미소는
미묘하게 어스러진 옷의 박음질처럼
보이지 않는 슬픔에 잠겨 있었고
너는 별의 추락을 탄생이라 하였다

비틀린 정으로 돌을 다듬듯
투박한 손길이 깃든 너의 사랑에는

낡은 죽음이 자리하고 있었다

젖은 숨을 불어넣듯 간절하게 기도하는
너의 새하얀 손아귀를 바라보며 나는
블랙홀의 사랑이 너의 또 다른 세계가 되기를 빌었다

수백수천의 세계가 무너지고 건져지며 연명하는
시간과 시간 사이의 공백

그곳에서 너는 네 동경을 찾을 수 있었을까

변화하는 손금처럼 움직이는 세계들
수없이 빛의 꼬리를 그려내는 별들과
구부러진 영원의 발자취

부동의 영원은 너를 구원하지 않는다

죽음과 같은 영원은
고요한 밤하늘이 침묵하듯
그저 조용할 뿐이다

우주가 흩어지는 풍경을

너의 영원은 결코 영원한 박제가 될 수 없다

얼어붙은 시간은 영원이 될 수 없으니까

영원은 스쳐 가는 것
우리의 삶에 스쳐 가는 기억으로 남을
성장의 상흔

우리가 놓치고
잃어버리고
버린
혹은 두고 온

그 모든 기억 속에
달리는 소년들의 상처 속에

영원의 흔적이 있다

너의 우울이
너를 집어삼키고
끌어당겨
너를 괴롭힌다면

집요한 시간의 굴레가
너를 괴롭게 한다면

죽음을 두려워한 네가
기어이 부동의 영원을
죽음과도 같은 멎음을

바라게 되었다면

끝없이 뻗어나간 진정한 영원이
우리가 지나간 그 직선의 세계가

너를 구할 수 있지 않을까

순간의 사랑이 영원의 자국을 새기듯
너의 상처도 흉이 되지 않을까

자꾸만 그런 기대를 하게 되어서

별을 헤는 밤
미끄러지듯 도망가는 별자리
그 지난한 것들이
너를 더 이상 아프지 않게 하기를

네가
거짓된 영원을
죽어가는 정지 상태의 시간을
놓아줄 수 있기를

바라고 또 바라는 것이다

2. 글쓰는 몽상가 LEE

영원했으면 좋겠어

처음 만난 그날,
어설프게 뒤뚱거리던 발걸음,
이리저리 두리번거리던 얼굴,
호기심 어린 눈빛으로 사랑스럽게 바라보던 너
네 모습이 영원했으면 좋겠어.

너를 떠나보낸 지 10여 년이 넘었지만
아직도 너를 그리워하고 있어.
여전히 너를 잊지 못하고 있어.

내 곁을 떠나던 그날,
잔뜩 웅크리며 미세하게 떨리던 몸,
희미하게 들리던 숨소리,
현관 앞에 따스하게 남은 네 체온까지

내 기억이 영원했으면 좋겠어.

세월이 흘러 내가 이 세상을 떠나도
너와의 첫 만남, 행복 했던 추억이
영원히 내 마음에 남았으면 좋겠어.

2. 문순천

영원을 향한 청춘의 질문

나는 서점을 지키는 사람
수많은 물음표를 품은 채
책과 책 사이를 거닐지
종이 위에 새겨진 목소리들은
무엇이 진실이고, 무엇이 영원인지
내게 묻는다.

나는 붓을 든 화가
빈 캔버스 앞에 앉아
존재의 의미를 묻는다
색을 섞고 선을 그으며
사라지는 순간들을 붙잡아
영원의 이름으로 새겨 넣는다.

나는 펜을 든 기자
세상의 소란 속에서
진실의 조각들을 쫓아 헤매지
손끝으로 기록하는 모든 것은
찰나의 외침이지만
세월의 흐름 속에서 불멸을 꿈꾼다.

모든 청춘은 답을 찾지 못해 방황한다.
나의 방황은 서점에서, 작업실에서, 취재 현장에서 이어졌다.
그러나 이제야 알 것 같다.
영원이란 멈춰 있는 것이 아니라
끊임없이 질문하고 기록하며
내 삶을 채워나가는 과정임을.
나의 청춘은 영원을 향한 질문이었다.

3. 문순천

영원의 기록

마흔의 문턱을 넘어선 날,
거울 속 낯선 얼굴과 마주한다.
덧없이 스러지는 꽃잎처럼
피부는 탄력을 잃고,
덧칠한 화장 아래 숨겨진
시간의 흔적들.

애써 감춘 배는 자꾸만 불어나고,
운동으로 다져도 무너지지 않는
세월의 성벽.
겉모습은
한 줌의 모래처럼 흩어지는구나.
찰나의 아름다움에 불과했네.

그러나 나는 영원을 믿는다.
낡은 액자 속 고요히 잠든
어릴 적 나의 시처럼.
빛바랜 종이 위
서툰 글씨와 순수한 그림에
그때의 내가 그대로 살아있네.

시간이 멈춘 공간에서
나의 숨결은 영원히 흐른다.
내가 빚어낸 선율과 색채는
나라는 존재가 사라진 뒤에도
누군가의 가슴에 남아
영원히 빛을 발할 테니.

가슴 뛰었던 순간의 기록은
이토록 찬란한 영원이 되는구나.
나는 오늘도 나의 기록을 쓴다.

1. 윤슬

비눗방울

막대에 비눗물을 묻혀서
비눗방울을 만들자

후후- 불어서
비눗방울을 만들자

추억과 행복을 가득 담은
비눗방울을 멀리 날려 보내자

바람을 타고 날아가는 비눗방울이
영원하지 않을 거라는 걸 알고 있지만

맑은 하늘 아래에서 행복하게
비눗방울을 불었던 우리의 주억은
사라지지 않고 영원했으면 좋겠다

2. 구석기

영원

흐르는 강물처럼
잡으려 하면 흩어지고
놓아두면 제 길을 가는

그리운 얼굴처럼
잊으려 하면 선명하고
그리워하면 사라지는

영원,
그렇게 곁에 머물다
아득히 멀어지는.

3. 구석기

영원, 그 위로

아프다는 것이
순간의 감정이라면
아팠다는 것은
영원의 기억일 테지.

사라지지 않는다는 걸
스스로 인정해야만
영원 위에 올라설 수 있어.

딛고 올라서서
또 다른 아픔을 받아들여야 해.

그래야 나의 세상은
염원처럼 영원할 테니까.

2. 유체

영원

늘 영원한 건 없다고
사랑하는 마음은 변하지 않아도
사랑의 모양은 바뀔 수 있다던
네게 나는 영원을 약속했다

수화기 너머 들리는 다정한 목소리에
잠든 새 고요히 적어 내리는 밤 편지에
매일 영원을 약속하고 마지막을 기약했다

3. 유체

아직 닿지 못한 생에서

다음 생이 있다면 묻고 싶어
이번엔 누가 먼저였는지

먼 길 돌아서야 했던 우리가
마음의 잔해 없이 마주할 수 있을지

영겁의 경계 너머에서
서로의 그림자가 처음으로 닿을 때
엉망이었던 너와 나를 기억할 수 있을지

서툴렀던 끝맺음을 매듭지을 수 있을지

그 생에는
정말 영원이 있을지

1. 영지현

영원히

우리의 만남이 짧았지만
그대의 모습이 영원히 내 기억 속에 담겨 있으리라
그대의 손을 잠깐 잡았지만
그 온기를 영원히 느끼리라
그대의 곁에 영원히 있을 수 없지만
그대를 영원히 사랑하리라
이번 생에도.
다음 생에도.
영원히.

1. 백작(白作)

쓰기 위한 '글빛글빛 그림책' 모임은 영원하다

그림책 읽고 나누는 '글빛글빛' 모임을 만들었다. 온라인 줌 모임이 가능한 덕분에 용기를 냈다.

독서 모임 참여를 해보고 싶었으나 분량이 되는 책을 정기적으로 읽고 참여하는 게 쉽지 않았다. 책을 안 읽고 모임을 가는 일이 생겼다. 부끄러웠다. 그림책 모임은 읽기 부담이 덜할 것 같았다. 그렇다고 해서 직장 동료나 친한 친구들과 만나서 그림책 보는 건 무리였다. 시간도 없었거니와 관심사도 제각각이다. 딸들과 읽고 이야기 나누고 싶어도 시간을 내지 않는 녀석들이다. 혼자서 그림책 읽고 100일 블로그 포스팅을 해보았지만, 더 길게 이어가지는 못했다.

나는 왜 그림책을 함께 읽고 싶을까. 스스로에게 질문했다. 20년 전, 학교 도서관 업무 담당자들과 매주 한 번씩 만나서 그림책 읽고 이야기 나누었던 날들이 좋은 기억으로 남아있기 때문이다. 지금은 작가로 살고 있다. 그림책을 읽고 나면 내 이야기를 종이 위에 꺼내고 싶은 욕구가 생긴다. 그림책이 나와 과거를 이어주기 때문에 그림책 대화도 유용했던 거다. 그림책을 혼자 읽을 때보다 함께 읽고 대화 나누다 보면 잊고 살았던 기억도 되살아났다.

블로그에 '글빛글빚 그림책' 모임을 공지했다. 2주에 한 번 일요일 밤 9시에 줌에서 만난다는 내용이다. 책 한 권을 모두가 함께 소리 내어 읽은 후 마음에 드는 문장이나 장면을 찾고 관련 경험을 나눈다.

그림책 하나도 모르는 왕초보만 오라고 공지했더니 그림책 강사, 기적의 도서관 사서, 학교 도서관 사서 등 다양한 사람들이 모여서 부담도 되었다. 내 능력치를 보러 오는 건 아니니 모임 취지를 분명히 공지했다.

"내 안의 빛나는 글, 그림책 한 줄을 통해 빚어냅니다." 글빛글빚 그림책 모임이라고.

나와 참여자 단둘이 모인 날도 있었다. 함께 글 쓰는 작가 친구들이 들어온 적도 있었고 외국에 유치원 교사로 파견 나가 있던 선생님도 만난 적도 있었다. 한두 번 모이다가 오지 않는 사람도 있었다. 1년 반 동안 꾸준히 모임에 들어와서 아이들 키운 이야기와 오늘 경험한 감정을 그림책 속 한 줄과 연결 지어 들려주는 참여자도 있었다.

2025년 9월 7일 밤 9시『대화를 하면』그림책으로 40회 차 모임을 진행한다. 오픈 채팅방에는 26명의 그림책 회원이 함께한다. 어제 8월 25일에는 제2회 오프라인 모임을 대전에서 열었다. 대전 모임에서 회원에게『비움』그림책을 선물 받았다.

1년 하겠나? 몇 달 운영하다가 그만두어도 어쩔 수 없다고 생각하고 있었다. 독서 모임 리더 교육을 받은 적도 없고 나조차도 한 번도 길게 모임에 참여해 본 적 없는 내가 모임을 이끌다니. 세다기 수강료 받는 모임도 아니었기에 오프라인 만남까지는 계획 없는 일이었다.

사는 곳도 다르고 출신 학교도 다르며 연령대도 다양한 일곱 명이 두 번째로 얼굴을 마주한 날. 그림책에 ㄱ자도 꺼내지 못했는데도 종일 웃었다는 걸 발견했다. 찍힌 사진마다 폭소 장면들이다.

아! 내가 왜 그렇게 독서 모임에 참여하고 싶었고, 리더로 모임 '시작'했는지 어제를 되돌아보며 느꼈다. 결국 '사람 책' 때문이었다.

학창 시절부터 친구 하나 사귀기 쉽지 않았다. 공부 좀 했던 나는 선생님 인정에 살고 죽는 아이였다. 내 주장이 강했고 인정 욕구가 있었던 아이. 친구들과 끈끈한 우정을 쌓는 게 쉽지 않았을 터다. 공부만 잘하면 친구 관계도 다 해결된다는 부모의 말을 들으며 컸다. 다 틀린 건 아니었다. 공부로 인해 각반 1등들과 친했으니. 다들 독립적인 친구들이었다.

그래도 같은 길을 가는 사람들과 의지하고 보듬는 관

계를 쌓고 싶은데 늘 혼자인 경우가 많았다. 마흔여섯 인 지금 되돌아보면 혼자였기에 글을 쓰기 시작했고 글을 쓰고 있어서 내가 말하기보다는 주변의 이야기를 듣는 기회가 많아지고 있다. 그림책 모임 리더로 1년 반 회원들을 챙기다 보니 이야기를 듣는 역할도 유익하다. 지금은 내 옆에 모이는 자들이 점점 많아진 것만으로도 회원들에게 인정받았다고 여긴다.

그림책을 매개로 사람과 이어진다. 사람과의 대화를 통해 글을 쓴다. 혼자 있는 시간에 쓴 글 덕분에 SNS로 글을 공유한다. 공유한 글로 그림책 회원이 들어온다.

그림책을 좋아하는 사람들과의 만남은 영원하다. 삶이 투영되는 그들과 찐한 우정을 쌓는다. 초등학생 시절부터 고민이었던 인간관계에 대한 답을 찾기 시작했다. 하고 싶은 말은 바닥에 내려놓고 그림책을 활용한 삶 이야기에 귀 기울인다. 조금씩 밝아지는 이들을 통해 나를 들여다본다. 그림책 연구 수준은 부족하겠지만 리더로 따라주는 이들이 있어 우리의 관계가 영원하기를 기대해 본다. 그림책 한 권 덕분에.

1. 고유정

서로의 영원

운명처럼 만나 서로가 전부가 된 우리 둘은

분홍빛 벚꽃 흩날리는 봄에 만나
싱그러운 바람 불어오는 청량한 여름을 함께하고
단풍 물들은 선선한 가을을 보내며
따뜻한 겨울을 선물했다.

이 예쁜 계절들 속에서
우리는 영원한 사랑을 약속했다.

어떤 시린 순간이 와도, 시련이 닥쳐와도
변치 않고 서로의 곁을 지켜줄 것이라고.

우리는 새끼손가락을 걸고

서로의 눈을 맞추며 진심을 담아 약속했다.

서로만의 영원이 되어 준다고.

2. 지수경

겨울의 숨

겨울의 차가운 공기 속에서
따뜻한 숨이 번지고
나는 배웠다—

사랑은 나를 채우고,
세상을 다르게 바라보게 한다는 걸.

나 자신을 사랑하는 법을,
그 사랑을 나눌 줄 아는 법을,
누군가의 행복을 빌어주는 마음을.

아무것도 없던 내 안을
하나씩 채워 준 사람.
0 같던 내가

그대를 만나 1이 되고
그 하나로도 이미 넘쳐흐른다

넘친 마음은 흘러나와
짐이 되기보다

따뜻이 타오르는 불이 되어
안온히 머무는 쉴 곳이자
조용히 힘이 되기를—

영원은 없다 말하지만
이번만큼은 믿고 싶다.

그대 곁에
영원히 머물 수 있기를—

2. 하형정

영원의 매실나무

초록빛 매실이 부서지는 여름
엄마의 손끝은 고요하게
마음속 기억을 촉촉이 적신다.

떨어질까 조마조마한 열매 위에
엄마의 눈빛은 바람이 되어
내 작은 두려움마저 품어 안는다.

나뭇가지 사이 스며드는 바람
엄마의 숨결이 오래도록 머무는 자리
그 온기를 마음 깊이 새긴다.

한 알 한 알 따낸 매실 알맹이
보이지 않아도 느껴지는 모정의 무게

영원히 쌓이고 빛난다.

과수원 아래 서 있는 지금
초록빛 여름은 우리를 붙잡고
추억이라는 이름으로 흐른다.

걷는 길 위 어디서든
엄마의 그림자가 잔잔히 따라와
영원이라는 숨결로 내 심장을 두드린다.

3. 하형정

영원한 가을 약속

잠자리 날개 빛나고
들녘 위 바람결은 잦아드는데
우리는 손끝으로 미래를 붙든다.

낙엽이 강물에 흘러들어
파문처럼 멀리, 오래 번져가듯
약속은 마음 깊은 곳에 스며든다.

황혼은 붉게 번지고
들판의 고요는 오래도록 숨 쉬며
서로의 눈빛 속 맹세가 머문다.

철새가 먼 하늘을 건너가도
허공에 남은 길은 쉽게 사라지지 않듯

다짐은 바람 속에서도 흔들리지 않았다.

계절은 지나 세월은 흘러가지만
하늘 끝 붉은빛은 오래도록 남아
약속은 영원히 우리를 지킨다.

1. 임영균

잿빛을 영원히 물들여

아픈 날들이 아직 많이 남았지만
아이스티를 탔다

그 달콤함 잠시 느꼈다고
이렇게 편안할 일인가

세상에 감각을 들이는 일

정해진 시간 앞에서
결국 빈 깡통을 찼다

영원을 받아들이는 일
시작을 끝맺음하는 일
사시로 세상을 쳐다보는 일

그래 이 짧은 순간들을 계속 보내자
영원히 한순간도 쉬지 않고
나의 세상을, 이 세계를 잿빛으로 물들이자
그리곤 다시 얻는 거다

감각의 무질서에서 얻어낸 새로운 용기를

포레스트 웨일 공동 작가
청춘은 영원을 꿈꾼다

초판 1쇄 발행 2025년 09월 08일
초판 1쇄 인쇄 2025년 09월 08일

지은이	한민진	MOLee	류광현	은민	닌자토깽이	꿈꾸는 쟁이	우주 임은혜	별결듯	정팔이	하린	이다솔	문미영	최나연	권하린 정다연	김준	고태호	박혜령	라아비현	최이현	오성민	유진 해원[전갈마녀]	루시아(혜린)	동네과학쌤	콩	남가연	이파람 아낌	신은서	조현민	다희	사랑	김미영	최이서	김감귤 이연화	이상현	류가민	임만옥	윤태연	안세진 글쓰는 몽상가 LEE	문순천	새벽(Dawn)	진서윤	구석기	유체 여휘운	윤아정	김서영	너울	지수경	백현기	하형정	조모연 윤현정	사랑의 빛	노기연	희작	손신우	이겸	명량소녀 강대진	별이	솔바람	김현아	민해월	온율	윤슬	영지현 백작(白作)	고유정	임영균
디자인	포레스트 웨일
펴낸이	포레스트 웨일
펴낸곳	포레스트 웨일
출판등록	제2021-000014 호
주소	충청남도 아산시 탕정면 용머리길 40 유니콘101 216호
전자우편	forestwhalepublish@naver.com
종이책	979-11-94741-44-2
전자책	979-11-94741-43-5

ⓒ포레스트 웨일 | 2025
· 이 책은 저작권법에 의하여 보호받는 저작물이므로 무단 전재와 복제를 금합니다.
· 이 책 내용의 전부 또는 일부를 이용하려면 사전에 저작권자와 포레스트 웨일의 서면 동의를 얻어야 합니다.

작가님들과 함께 성장하는 출판사
포레스트 웨일입니다.
작가님들의 소중한 원고를 받고 있습니다.
forestwhalepublish@naver.com